基礎からの ジャンプアップノート

古典文法

演習ドリル

改訂版

…校 講師
上田慶子
共著

旺文社

はじめに

みなさん、こんにちは！

この問題集は、古文の苦手な人、古文の勉強にはじめて取り組む人のために編集しました。

だからといって、入試レベルに到達しない、簡単な内容しか入っていないわけではありません。

古文を読むためには、文法をマスターしていることが不可欠。

また、共通テストをはじめ、難関私大でも、国公立の二次試験でも、文法問題というのは必ず出題されていますね。

この問題集は、

1　共通テストで満点が取りたい

2　早上・GMARCH・関関同立に入りたい

3　国公立の二次試験を突破したい

そう思っている受験生が、最低限身につけておかないといけない古文の文法事項を、基礎からもれなく、しかも、サクサクとマスターできるように工夫して作ったつもりです。

一人で編集すると、クセがつよく、独善的なものになりがち…。

そこでこの本は、上田、望月、そして旺文社編集部の優秀なスタッフが、ああでもない、こうでもないと、時にはけんかスレスレの話し合いをしながら一冊の問題集にまとめました。

望月は御神輿《おみこし》の横でうちわを振る町内の老人のようなことをしていただけですが、上田先生、旺文社のスタッフは、重たい神輿をかつぎあげて立派な本を作ってくださいました。

苦労して作ってもらったこの本が、文法の苦手な人、難関大突破の基礎力を養おうとする人たちのお役に立つことができたら、編者の一人としてこんなにうれしいことはありません。

入試問題は、じわじわと様変わりをしています。

その様変わりに合わせて、今回内容をすべてチェックし、大がかりな改訂をしました。

望月担当の部分はともかく、上田先生の部分は、たいへん完成度が高くなっていると思います。

それでもなお、「ここはこんなふうにしてほしいよ」というご要望があるかもしれません。

何かお気づきの点があれば、どうぞご遠慮なく、編集部までお知らせください。

それではみなさん、がんばってくださいね！

二〇一七年　七月

望月光

この本の特長と使い方

本冊の構成

本冊は「文法の解説」「チェック問題」「練習問題」の三要素から成っています。

▶文法の解説

古文の読解には欠かせない動詞・形容詞・形容動詞・助動詞・助詞・敬語・識別の詳しい解説が各章の上段にまとめられています。それぞれのポイントを理解しましょう。

▶チェック問題

上段で学習した文法事項を下段の「チェック問題」で即座に復習できます。上段の内容を理解できているか、確認しましょう。解答は左端にあります。

▶練習問題

「文法の解説」と「チェック問題」で学んだ内容の復習・応用を含めた「練習問題」です。解答・解説は別冊に掲載されています。

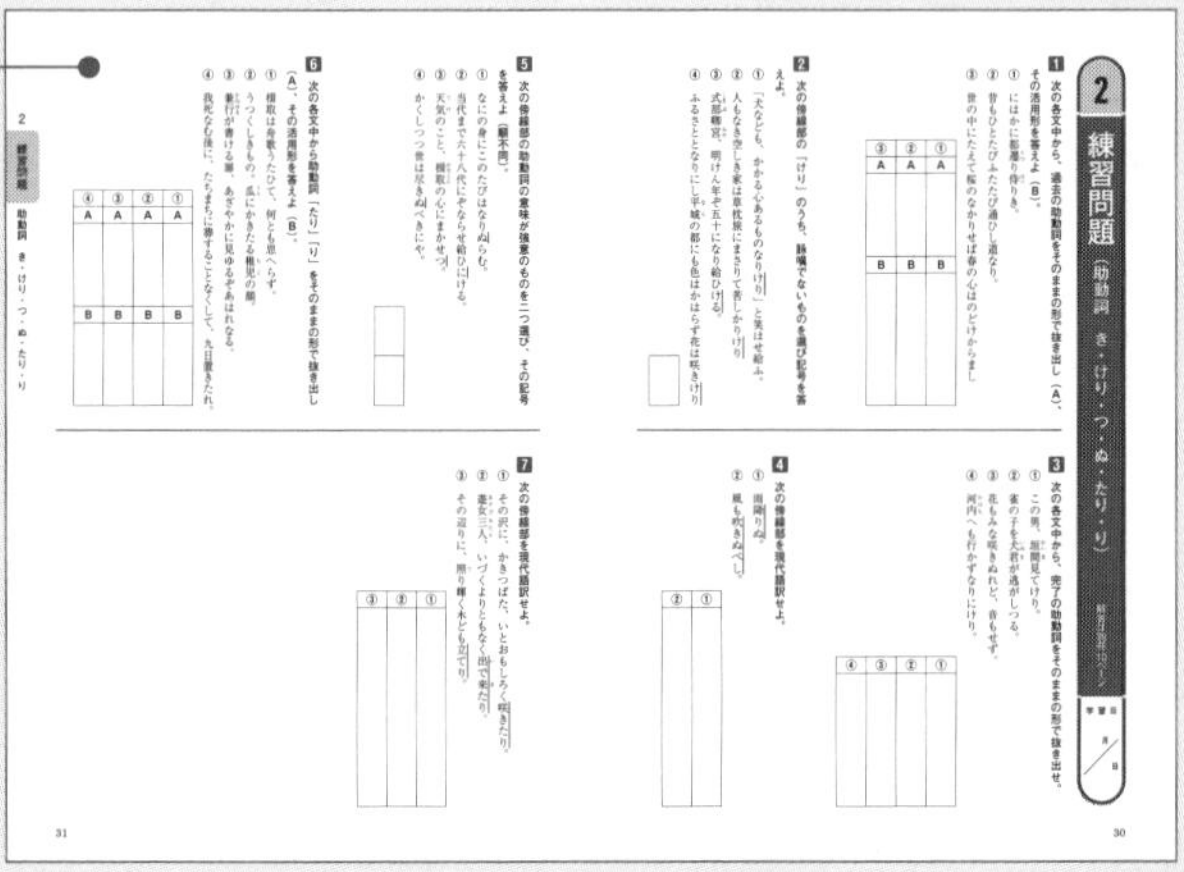

別冊の構成

別冊は「練習問題」の解答と解説を掲載しています。

▶上段・解答

解答のほかにも、出典と現代語訳を掲載しています。

▶下段・解説

もくじ

1 古典文法入門　歴史的仮名遣い

学習日　月／日

古文では歴史的仮名遣いが使われるので現代仮名遣いと違う部分を覚える。

○ヤ行・ワ行の違い

現代仮名遣い

ア行	あ	い	う	え	お
ヤ行	や	—	ゆ	—	よ
ワ行	わ	—	—	—	を

⇩

歴史的仮名遣い

ア行	あ	い	う	え	お
ヤ行	や	い	ゆ	え	よ
ワ行	わ	ゐ	う	ゑ	を

＊古文で使うヤ行とワ行をきちんと覚える。ワ行の「ゐ」は「い」と読み、「ゑ」は「え」と読む。

例 植えず（×）→植ゑず（○）
↓
「植う」はワ行の動詞なので「植ゑ」となる。

○歴史的仮名遣いの読み方の原則

	歴史的仮名遣い	現代仮名遣い
1	単語のはじめ以外の「は・ひ・ふ・へ・ほ」 例 あはず（逢はず） いひたり（言ひたり） おもふ（思ふ） かんがへて（考へて） おほふ（覆ふ）	「わ・い・う・え・お」 例 あわず いいたり おもう かんがえて おおう

チェック問題

解答は左ページ

1 古文で使われるヤ行・ワ行の表を完成させよ。

ア行	あ	い	う	え	お
ヤ行					
ワ行					

2	a＋u［あう］ 例あふぎ〔a＋u〕（扇） さうなし〔sa＋u〕（双無し） たふとし〔ta＋u〕（尊し） ＊「あふぎ」、「たふとし」の「ふ」は単語のはじめではないので、「う」と読んでいる。	ō［おう］ 例おうぎ〔ō〕 そうなし〔sō〕 とうとし〔tō〕
3	i＋u［いう］ 例いうげん〔i＋u〕（幽玄） きふ〔ki＋u〕（急） うれしうて〔si＋u〕	yū［ゆう］ 例ゆうげん〔yū〕 きゅう〔kyū〕 うれしゅうて〔syū〕
4	e＋u［えう］ 例えうなし〔e＋u〕（用無し） てうど〔te＋u〕（調度） けうず〔ke＋u〕（孝ず）	yō［よう］ 例ようなし〔yō〕 ちょうど〔tyō〕 きょうず〔kyō〕
5	「くわ」「ぐわ」 例くゎんゐ（官位）／ぐゎいぶん（外聞）	「か」「が」 例かんい／がいぶん
6	「ゐ」「ゑ」「を」 例ゐる（居る）／ゑむ（笑む）／をとこ（男）	「い」「え」「お」 例いる／えむ／おとこ
7	「ぢ」「づ」 例ぢごく（地獄）／みづ（水）	「じ」「ず」 例じごく／みず

2 次の語を現代仮名遣いになおせ。

(1) めづらし（珍し）
(2) けふ（今日）
(3) しうか（秀歌）
(4) もみぢ（紅葉）
(5) かはづ（蛙）
(6) かうい（更衣）
(7) きのふ（昨日）
(8) かうし（格子）
(9) にふだう（入道）
(10) せうなごん（少納言）

チェック問題（6～7ページ）解答

1 （ヤ行）や／い／ゆ／え／よ　（ワ行）わ／ゐ／う／ゑ／を　2 (1)めずらし　(2)きょう　(3)しゅうか　(4)もみじ　(5)かわず　(6)こうい　(7)きのう　(8)こうし　(9)にゅうどう　(10)しょうなごん

2 古典文法入門　品詞の分類

学習日　月／日

単語は十種類の品詞に分類される。分類の基準は三つ。

①その単語だけで意味のわかる自立語か、別の単語の下に付く付属語か。
②活用（語の形が変化すること。10ページを参照）するか、しないか。
③どんなはたらきをするか。

単語
- 自立語 ①
  - 活用する ②
    - 述語となる（用言） ③
      - 言い切りの語尾がｕ段（ラ変動詞は「り」）……**動詞**
      - 言い切りの語尾が「し」（または「じ」）……**形容詞**
      - 言い切りの語尾が「なり」「たり」……**形容動詞**
  - 活用しない
    - 主語となる（体言）……**名詞**
    - 主語とならない
      - 修飾語となる
        - 用言を修飾する……**副詞**
        - 体言を修飾する……**連体詞**
      - 修飾語とならない
        - 接続する……**接続詞**
        - 接続しない……**感動詞**
- 付属語
  - 活用する……**助動詞**
  - 活用しない……**助詞**

チェック問題

解答は左ページ

次の(1)～(6)の空欄に入れる品詞名を、あとのア～コから選べ。

品詞名	例
(1)	うれし　うつくし
副詞	いと　さらに
(2)	静かなり　あはれなり
(3)	笑ふ　おぼゆ
接続詞	されば　されど
(4)	ず　けり
(5)	こそ　ども
連体詞	させる　いはゆる
(6)	春　あけぼの
感動詞	あはれ　いざ

ア　動詞　　**イ**　名詞
ウ　助詞　　**エ**　形容詞
オ　助動詞　　**カ**　形容動詞

動詞	動作・存在などをあらわすことば。u段で言い切る（ラ変動詞は例外）。 例 知る・見る・起く・来《く》・す・あり
形容詞	ものごとの性質・状態などをあらわすことば。「し」で言い切る。 例 美し・なし・ありがたし・すさまじ
形容動詞	ものごとの性質・状態などをあらわすことば。「なり」「たり」で言い切る。 例 静かなり・急なり・堂々たり
名詞	ものごとの名前をいいあらわすことば。主語になる。 例 山・川・かぐや姫・百・これ
副詞	状態や程度をあらわして、用言（動詞・形容詞・形容動詞）を修飾することば。 例 しばしば・いと・ひたすら
連体詞	体言（名詞）を修飾することば。 例 いはゆる・さしたる
接続詞	前後の文を接続することば。 例 されども・ならびに・しかも
感動詞	感動・応答・呼びかけをあらわすことば。 例 ああ・あはれ・あな・いな
助動詞	主に用言・体言などに付いて、意味を添えることば。活用する。 例 ず・たり・む・けり
助詞	語と語の関係をあらわしたり、意味を添えたりすることば。活用しない。 例 が・の・ば・つつ・すら・こそ

チェック問題（8～9ページ）解答

(1)エ　(2)カ　(3)ア　(4)オ　(5)ウ　(6)イ

(1)　(2)　(3)　(4)　(5)　(6)

3 古典文法入門 活用／係り結びの法則

学習日　月／日

○活用

用言（動詞・形容詞・形容動詞）や助動詞が、下に続く語や記号によって形を変えることを活用という。

基本形	語幹	未然形	連用形	終止形	連体形	已然形	命令形
書く	書	か（ず）	き（たり）	く（。）	く（とき）	け（ども）	け（。）

書**か**＋ず　→　**未然形**（未然＝まだそうなっていない形）

書**き**＋たり　→　**連用形**（主に用言に連なる形）

書**く**＋。　→　**終止形**（言い切りの形）

書**く**＋とき　→　**連体形**（主に体言に連なる形）

書**け**＋ども　→　**已然形**（已然＝すでにそうなっている形）

書**け**＋。　→　**命令形**（命令して言い切る形）

＊「書」のように変化しない部分を**語幹**、か・き・く…などのように、変化する部分を**活用語尾**（または語尾）という。語幹と活用語尾の区別がない場合、語幹の部分は「○」と示す（13ページ参照）。

＊活用形の中で「○」とある場合、その活用形では用いられないことを示す（16ページ参照）。

チェック問題

解答は左ページ

1 次の傍線部の動詞の活用形を答えよ。

(1) 花咲く。　(2) 花咲かず。

(3) 花咲きたり。　(4) 花咲くとき。

(5) 花咲けども、

(1)　　形　(2)　　形　(3)　　形

(4)　　形　(5)　　形

2 次の空欄に入る「思ふ」を、活用表を参考に正しく活用させよ。

基本形	語幹	未然形	連用形	終止形	連体形	已然形	命令形
思ふ	思	は	ひ	ふ	ふ	へ	へ

(1)　　ず

(2)　　たり

○係り結びの法則

普通の文は、「人来《く》。」のように文末は終止形となる。ところが文中に「ぞ」「なむ」「や」「か」が入ると「人なむ来る。」、「こそ」が入ると「人こそ来れ。」となり、文末は終止形にならない。この係り結びの法則によって、文に強調や疑問、反語などの意味を添える。

意味	係助詞	結び
強調	こそ	→ 文末は已然形で結ぶ
強調	ぞ なむ	→ 文末は連体形で結ぶ
疑問 反語	や か	→ 文末は連体形で結ぶ

この「こそ」「ぞ」「なむ」「や」「か」は**係助詞**と呼ぶ。「係り結びの法則」と「係助詞」については「20　係助詞」（→60ページ）で詳しく学習する。ここではこの法則が語の活用形を判断するのに重要であることを覚えておこう。

(3) ［　　　］。〔言い切る〕

(4) ［　　　］とき

(5) ［　　　］ども

(6) ［　　　］。〔命令して言い切る〕

3 次の傍線部は、□部を受けて、どのような活用形になっているか。活用形を答えよ。

(1) よろづの遊を［ぞ］しける。

(2) いとながく［なむ］思ひきこゆる。

(3) 近き火などに逃ぐる人は、「しばし」と［や］言ふ。

(4) たふとく［こそ］をかしけれ。

(1) ［　　　］形　(2) ［　　　］形　(3) ［　　　］形　(4) ［　　　］形

チェック問題（10～11ページ）解答

1 (1)終止 (2)未然 (3)連用 (4)連体 (5)已然 2 (1)思は (2)思ひ (3)思ふ (4)思ふ (5)思へ (6)思へ 3 (1)連体 (2)連体 (3)連体 (4)已然

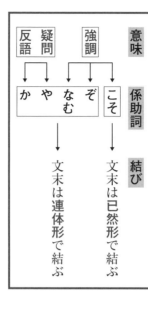

4 動詞　正格活用

学習日　　月　　日

五十音図の五段（a i u e o）のうち、
▼四段活用　は「a・i・u・e」の四つの段で活用する。
▼上二段活用　は真ん中を入れて上二つの段の「i・u」で活用する。
▼下二段活用　は真ん中を入れて下二つの段の「u・e」で活用する。
▼上一段活用　は真ん中から上に一段の「i」のみで活用する。
▼下一段活用　は真ん中から下に一段の「e」のみで活用する。
活用の種類を確認したい動詞の下に、助動詞「ず」をつけて未然形にし、「ず」の前の音を確認するとよい。

▼四段活用→「a／i／u／u／e／e」と活用する。

基本形	語幹	未然形	連用形	終止形	連体形	已然形	命令形
知《し》る	知	ら（ra）	り（ri）	る（ru）	る（ru）	れ（re）	れ（re）

＊未然形がa段音となる。

▼上二段活用→「i／i／u／uる／uれ／iよ」と活用する。

基本形	語幹	未然形	連用形	終止形	連体形	已然形	命令形
起《お》く	起	き（ki）	き（ki）	く（ku）	くる（kuる）	くれ（kuれ）	きよ（kiよ）

＊未然形がi段音となる。ヤ行上二段動詞は「老《お》ゆ」「悔《く》ゆ」「報《むく》ゆ」のみ。

チェック問題

解答は左ページ

1 (1) 四段動詞「読む」の活用表を完成させよ。

基本形	語幹	未然形	連用形	終止形	連体形	已然形	命令形
読《よ》む							

(2)（　）の中の四段動詞を正しく活用させよ。

月もなく、雪も（降る）ず。

2 (1) 上二段動詞「落つ」の活用表を完成させよ。

基本形	語幹	未然形	連用形	終止形	連体形	已然形	命令形
落《お》つ							

(2) 次の中から上二段動詞を抜き出し、終止形になおせ。

大路を過ぐるものの、声高に人よぶ。

抜き出しの語	終止形

▼下二段活用→「e／e／u／uる／uれ／eよ」と活用する。

基本形	語幹	未然形	連用形	終止形	連体形	已然形	命令形
考《かんが》ふ	考	へ(he)	へ(he)	ふ(hu)	ふる(huる)	ふれ(huれ)	へよ(heよ)

＊未然形がe段音となる。
＊ア行下二段動詞は、「得《う》」及び「得」の複合動詞（例心得《こころう》）のみ。
＊ワ行下二段動詞は、「植《う》う」「飢《う》う」「据《す》う」のみ。
＊「得《う》（ア行）」「寝《ぬ》（ナ行）」「経《ふ》（ハ行）」は語幹と語尾の区別がない。

▼上一段活用→「i／i／iる／iる／iれ／iよ」と活用する。

基本形	語幹	未然形	連用形	終止形	連体形	已然形	命令形
見《み》る	○	み(mi)	み(mi)	みる(miる)	みる(miる)	みれ(miれ)	みよ(miよ)

＊主な語は次の通り。「干《ひ》る」「射《い》る」「鋳《い》る」「着《き》る」「似《に》る」「見《み》る」「居《ゐ》る」「率《ゐ》る」など。「ひいきにみゐる」と覚える。
＊「射る」「鋳る」はヤ行、「居る」「率る」はワ行で活用する。

▼下一段活用→「e／e／eる／eる／eれ／eよ」と活用する。

基本形	語幹	未然形	連用形	終止形	連体形	已然形	命令形
蹴《け》る	○	け(ke)	け(ke)	ける(keる)	ける(keる)	けれ(keれ)	けよ(keよ)

＊下一段動詞は「蹴る」一語のみなので、覚えておくこと。

3 (1)下二段動詞「寝」の活用表をひらがなで完成させよ。

基本形	語幹	未然形	連用形	終止形	連体形	已然形	命令形
寝《ぬ》	○						

(2)次の中から下二段動詞を抜き出し、終止形になおせ。

姫君、出《い》でて遊びけるを、…。

抜き出しの語	終止形

4 (1)上一段動詞「率る」の活用表をひらがなで完成させよ。

基本形	語幹	未然形	連用形	終止形	連体形	已然形	命令形
率《ゐ》る	○						

(2)次の中から上一段動詞を抜き出し、終止形になおせ。

衣着ぬ妻子たちなども、さながら内にありけり。

抜き出しの語	終止形

チェック問題(12〜13ページ)**解答**

1 (1)読／ま／み／む／む／め／め (2)降ら 2 (1)落／ち／ち／つ／つる／つれ／ちよ (2)過ぐる／過ぐ 3 (1)ね／ね／ぬ／ぬる／ぬれ／ねよ (2)出で／出づ 4 (1)ゐ／ゐ／ゐる／ゐる／ゐれ／ゐよ (2)着／着る

5 動詞 変格活用

▼カ行変格活用（カ変）

基本形	語幹	未然形	連用形	終止形	連体形	已然形	命令形
来《く》	○	こ	き	く	くる	くれ	こ（こよ）

＊カ変動詞は「来」及び「来」の複合動詞（例「持《も》て来《く》」「出《い》で来《く》」「まうで来《く》」など）のみ。

＊カ変動詞を漢字で書いた場合、未然形、連用形、終止形、命令形がすべて「来」となるので、読み方に注意すること。

▼サ行変格活用（サ変）

基本形	語幹	未然形	連用形	終止形	連体形	已然形	命令形
す	○	せ	し	す	する	すれ	せよ

＊サ変動詞は「す」「おはす」のみ。「具《ぐ》す」「ものす」「念《ねん》ず」など複合動詞は多数あるので注意する。「す」は現代語の「する」と同じようにさまざまな複合動詞を作る。

＊「念ず」「命ず」など終止形が「ず」で終わるものもサ変動詞である。

チェック問題

解答は左ページ

1 (1) 動詞「来」の活用表をひらがなで完成させよ。

基本形	語幹	未然形	連用形	終止形	連体形	已然形	命令形
来《く》							

(2) 次の中からカ変動詞を抜き出し、活用形を答えよ。

車をやりて待つに、来る音すれば、…。

抜き出しの語	活用形

2 (1) 動詞「す」の活用表を完成させよ。

基本形	語幹	未然形	連用形	終止形	連体形	已然形	命令形
す							

(2) 次の中からサ変動詞を抜き出し、活用形を答えよ。

妻子のためには、恥をも忘れ、盗みもしつべきなり。

抜き出しの語	活用形

▼ナ行変格活用（ナ変）

基本形	語幹	未然形	連用形	終止形	連体形	已然形	命令形
死ぬ	死	な	に	ぬ	ぬる	ぬれ	ね

＊ナ変動詞は「死ぬ」「往《い》ぬ（去《い》ぬ）」の二語のみ。

＊「死す」はサ変の複合動詞なので注意すること。

▼ラ行変格活用（ラ変）

基本形	語幹	未然形	連用形	終止形	連体形	已然形	命令形
あり	あ	ら	り	り	る	れ	れ

＊ラ変動詞は「あり」「居《を》り」「侍《はべ》り」「いまそがり（いますがり）」の四語である。

＊ラ変動詞の終止形だけが「u段音」ではないので注意すること。

3 (1) 動詞「往《い》ぬ」の活用表を完成させよ。

基本形	語幹	未然形	連用形	終止形	連体形	已然形	命令形
往《い》ぬ							

(2) 次の（　）の中の語を正しく活用させよ。

わびはてて（死ぬ）命をすくひやはせぬ。

4 (1) 動詞「居《を》り」の活用表を完成させよ。

基本形	語幹	未然形	連用形	終止形	連体形	已然形	命令形
居《を》り							

(2) 次の（　）の中の語を正しく活用させよ。

ただいま天には何事か（侍り）。

チェック問題（14～15ページ）解答

1 (1)○／こ／き／く／くる／くれ／こ・（こよ）　(2)来る／連体形　**2** (1)○／せ／し／す／する／すれ／せよ　(2)し／連用形　**3** (1)往／な／に／ぬ／ぬる／ぬれ／ね　(2)死ぬる　**4** (1)居／ら／り／り／る／れ／れ　(2)侍る

6 形容詞・形容動詞

学習日　月／日

形容詞

形容詞の活用には、「ク活用」と「シク活用」の二種類がある。

▼ク活用

基本形	語幹	未然形	連用形	終止形	連体形	已然形	命令形
なし	な	○	く	し	き	けれ	○
		から	かり	○	かる	○	かれ

▼シク活用

基本形	語幹	未然形	連用形	終止形	連体形	已然形	命令形
うれし	うれ	○	しく	し	しき	しけれ	○
		しから	しかり	○	しかる	○	しかれ

＊ク活用とシク活用を見分けるには、形容詞の直後に動詞「**なる**」を付けて連用形にするとよい。

○「なく**なる**」のように「～く」となるものはク活用。

○「うれしく**なる**」のように「～しく」となるものはシク活用。

＊活用表の右側の活用を本活用、左側の活用を補助活用（カリ活用）と呼ぶ。直後に助動詞が続く場合は補助活用を用いるのが基本。

チェック問題

解答は左ページ

1 次の形容詞の活用の種類を答えよ。

(1) めでたし

(2) やんごとなし

(3) きびし

(4) ゆゆし

(1)　(2)　(3)　(4)

2 「けり」は連用形に接続する助動詞である。正しく活用しているのはどちらか、番号を答えよ。

(1) うれしかりけり。

(2) うれしくけり。

○語幹の用法

①名詞（a）＋を＋形容詞の語幹（b）＋み ＝ aがbなので

例 瀬をはやみ ＝ 流れが速いので

＊「を」はない場合もあるが、現代語訳は変わらない。

②感動詞＋形容詞の語幹 ＝ 感動的に言い切る。

例 あなかしこ。＝ ああ恐れ多い。

形容動詞

形容動詞の活用には、「ナリ活用」と「タリ活用」の二種類がある。

▼ナリ活用

基本形	語幹	未然形	連用形	終止形	連体形	已然形	命令形
静《しづ》かなり	静か	なら	なり に	なり	なる	なれ	なれ

▼タリ活用

基本形	語幹	未然形	連用形	終止形	連体形	已然形	命令形
堂々《だうだう》たり	堂々	たら	たり と	たり	たる	たれ	たれ

＊連用形の「なり」「たり」は直後に助動詞が続くときに用いられる。それ以外は「に」「と」が用いられる。

3 次の中から形容動詞を抜き出せ。

(1)昔ありし家は稀《まれ》なり。

(2)いま静かに、御局《つぼね》にさぶらはん。

(3)あららかに言ひて、きはまりなき放言しつ。

(1)　(2)　(3)

4 次の（　）の中の形容動詞を正しく活用させよ。

(1)（おろかなり）こと多し。

(2)もの言ひこそ（おろかなり）。

(1)　(2)

チェック問題（16～17ページ）解答

1 (1)ク活用 (2)ク活用 (3)シク活用 (4)シク活用 2 (1) 3 (1)稀なり (2)静かに (3)あららかに 4 (1)おろかなる (2)おろかなれ

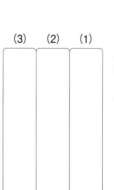

1 練習問題（動詞・形容詞・形容動詞）

解答は別冊2ページ

学習日　月／日

1 次の（　）の中の動詞を正しく活用させよ。

① 身の全く久しからむことをば（思ふ）ず。

② これを（見る）人涙を流さずといふことなし。

③ あるいは大家《おほいへ》（滅ぶ）て小家《こいへ》となる。

④ 我（捨つ）て去りなば、ほとほと命も尽きぬべし。

⑤ 「いとやすし」と、（うなづく）をり。

①	②	③	④	⑤

2 次の傍線部の動詞を終止形になおし（A）、活用の行と種類（B）、文中での活用形（C）を答えよ。

① 並み居る。

② 年ぞ暮るる。

③ 心得る人。

	A	B	C
①			
②			
③			

3 次の傍線部の動詞の活用の種類（A）と活用形（B）を答えよ。

① 大将を犯す星なむ現じたる。

② この人を具して去にけり。

③ 月の都の人まうで来ば、捕《とら》へさせん。

④ あやしきひがごとどもにこそは侍らめ。

⑤ いとうつくしう、さまざまにおはす。

①	②	③	④	⑤
A	A	A	A	A
B	B	B	B	B

4 次の傍線部がナ変動詞であれば活用形を答え、そうでない場合は解答欄に×をつけよ。

① ののしり笑ひければ、逃げ去りにけり。

② この下の渡《わたし》にて、舟うち返して死ぬ。

③ 夜更けぬ、とにやありけむ、やがて往にけり。

①	②	③

5 次の（　）の中の動詞を正しく活用させよ。ただし、ひらがなで答えること。

① 丹後より使ひは（来）ずや。

② 木のまたにすゑんと（す）けるなり。

③ 高き山の峰の、下り（来）べくもあらぬに置きて逃げて（来）ぬ。

①	②	③	

6 次の（　）の中の形容詞を正しく活用させよ。

① 昔の人は、いささかのことをも、（いみじ）自賛したるなり。

② （ありがたし）もの、しうとにほめらるるむこ。

③ いと（あやし）さまを人や見つらん。

④ 散ればこそいとど桜は（めでたし）。

①	②	③	④

7 次の各文中から形容詞・形容動詞を抜き出し（A）、その活用形を答えよ（B）。

① 空《そら》だきの香、こころにくくかをりて、まことに優なり。

② 憂《うれ》へなきを楽しみとす。

③ 心おのづから静かなれば、無益《むやく》のわざをなさず。

④ あけて出で入る所たてぬ人、いとにくし。

①		②	③	④
A	A	A	A	A
B	B	B	B	B

※①の解答は順不同。

8 次の傍線部を現代語訳せよ。

① 咲く花の下に隠るる人を多みありしにまさる藤の陰《かげ》かも

② 山ふかみ春ともしらぬ松の戸にたえだえかかる雪の玉水《たまみづ》

①	②

7 助動詞入門

学習日　月／日

○助動詞のポイント

助動詞の勉強は、①**意味** ②**活用** ③**接続**を覚えるのがポイントである。

①意味

助動詞は動詞などに付いて何らかの意味を添えるもの。これを覚えていないと、古文に何が書いてあるかわからなくなる。

例 花咲か**む**。…「む」は推量の助動詞〈～ダロウ〉だから、「花が咲くだろう」という意味。

②活用

助動詞も動詞などの用言と同じで活用する。これを覚えていないと、意味を知っていても問題文中で見抜けなくなる。

例 花こそ咲か**め**。…「め」は推量の助動詞「む」の已然形。「花が咲くだろう」で①の例文と同じ意味である。

③接続

すべての助動詞は、上にくる語の活用形が決まっている。これを接続といい、覚えていないと用言・助動詞の完璧マスターが困難になる。たとえば、「未然形接続」とは、上にくる語が必ず未然形になるという意味である。

例 花見をす**なり**。…「す」はサ変動詞の終止形。終止形に付くのは伝聞推定の助動詞「なり」。

チェック問題

解答は左ページ

1 未然形接続の助動詞を十一個答えよ。

2 連用形接続の助動詞を七個答えよ。

3 終止形接続の助動詞を六個答えよ。

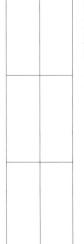

例 花見をする**なり**。…「する」はサ変の連体形。連体形に付くのは断定の助動詞「なり」。

▼助動詞の接続

接続	助動詞			
未然形	る	らる	す	さす
	しむ	ず	む	むず
	まし	じ	まほし	
連用形	き	けり	つ	ぬ
	たり※1-1	たし	けむ	
終止形※2	らむ	めり	らし	べし
	まじ	なり※3-1		
連体形・体言	なり※3-2			
体言	たり※1-2			
サ変の未然形・四段の已然形※4	り			

※1-1…完了の「たり」 ※1-2…断定の「たり」

※2…ラ変型には連体形接続。ラ変型とは活用の基本パターンを「ら／り／り／る／れ／れ」とするものをいう。たとえば形容詞の補助活用（左側）は「から／かり／○／かる／○／かれ」と活用するのでラ変型である。

※3-1…伝聞推定の「なり」 ※3-2…断定の「なり」

※4…「り」の接続は四段の「已然形」ではなく、「命令形」だという説もある。四段活用の已然形と命令形は形が同じなので、どちらで覚えておいてもさしつかえない。

4 **終止形接続の助動詞は、ラ変型には何形に付くか答えよ。**

5 **断定の助動詞「なり」の接続を答えよ。**

6 **完了の助動詞「り」の接続を答えよ。**

チェック問題（22～23ページ）解答

1 る／らる／す／さす／しむ／ず／む／むず／まし／じ／まほし **2** き／けり／つ／ぬ／たり／たし／けむ **3** らむ／めり／らし／べし／まじ／なり（伝聞推定） **4** 連体形 **5** 連体形／体言 **6** サ変の未然形／四段の已然形（すべて順不同）

❖助動詞一覧

これから勉強する助動詞をあつめて一覧にしたものです。今すぐこれを覚える必要はありません。すべて勉強してから整理用に使ってください。

接続	基本形	未然形	連用形	終止形	連体形	已然形	命令形	活用の型	おもな意味	本冊頁
未然形	る	れ	れ	る	るる	るれ	れよ	下二段型	自発・可能・受身・尊敬	32
	らる	られ	られ	らる	らるる	らるれ	られよ			
	す	せ	せ	す	する	すれ	せよ	下二段型	使役・尊敬	34
	さす	させ	させ	さす	さする	さすれ	させよ			
	しむ	しめ	しめ	しむ	しむる	しむれ	しめよ			
	ず	○	ず	ず	ぬ	ね	○	特殊型	打消	
		ざら	ざり	○	ざる	ざれ	ざれ			
	む	○	○	む	む	め	○	四段型	推量・意志・勧誘（適当）・仮定・婉曲	38
	むず	○	○	むず	むずる	むずれ	○	サ変型		
	まし	ませ ましか	○	まし	まし	ましか	○	特殊型	反実仮想・ためらいの意志・推量	46
	じ	○	○	じ	じ	じ	○	無変化型	打消推量・打消意志	38
	まほし	○	まほしく	まほし	まほしき	まほしけれ	○	形容詞型	希望	46
		まほしから	まほしかり	○	まほしかる	○	○			
連用形	き	せ	○	き	し	しか	○	特殊型	体験過去	26
	けり	けら	○	けり	ける	けれ	○	ラ変型	伝聞過去・詠嘆	
	つ	て	て	つ	つる	つれ	てよ	下二段型	完了・強意	28
	ぬ	な	に	ぬ	ぬる	ぬれ	ね	ナ変型		
	たり	たら	たり	たり	たる	たれ	たれ	ラ変型	完了・存続	

	たし	○ / たから	たく / たかり	たし / ○	たき / たかる	たけれ / ○	○ / ○	形容詞型	希望	46
	けむ	○	○	けむ	けむ	けめ	○	四段型	過去推量・過去の原因推量・過去の伝聞・過去の婉曲	40
終止形（ラ変型には連体形接続）	らむ	○	○	らむ	らむ	らめ	○	四段型	現在推量・現在の原因推量・現在の伝聞・現在の婉曲	
	めり	○	めり	めり	める	めれ	○	ラ変型	推定・婉曲	50
	らし	○	○	らし	らし	らし	○	無変化型	推定	
	べし	○ / べから	べく / べかり	べし / ○	べき / べかる	べけれ / ○	○ / ○	形容詞型	推量・意志・可能・当然・命令・適当	42
	まじ	○ / まじから	まじく / まじかり	まじ / ○	まじき / まじかる	まじけれ / ○	○ / ○	形容詞型	打消推量・打消意志・不可能・打消当然・禁止・不適当	
	なり	○	なり	なり	なる	なれ	○	ラ変型	伝聞・推定	48
・体言 ・連体形	なり	なら	なり / に	なり	なる	なれ	なれ	形容動詞型	断定・存在	
・体言	たり	たら	たり / と	たり	たる	たれ	たれ	形容動詞型	断定	
・連体形 ・助詞「が」「の」	ごとし	○	ごとく	ごとし	ごとき	○	○	形容詞型	比況	50
・サ変の未然形 ・四段の已然形	り	ら	り	り	る	れ	れ	ラ変型	完了・存続	28

8 助動詞　き・けり

学習日　　月／日

○活用と接続

基本形	未然形	連用形	終止形	連体形	已然形	命令形	接続
き	せ	○	き	し	しか	○	連用形
けり	けら	○	けり	ける	けれ	○	連用形

＊「き」は、カ変・サ変には未然形に接続することもある。

き

○意味と用法

体験過去（直接経験の過去）〈～タ〉

⇩自分が直接体験したことを過去として述べる。

けり

○意味と用法

①伝聞過去（間接経験の過去）〈～タ・～タソウダ〉

⇩人から伝聞したことを過去として述べる。

②詠嘆〈～ダナア・～コトダ〉

⇩はじめて気付いたことに感動する。

チェック問題

解答は左ページ

1 助動詞「き」の意味を答えよ。

2 助動詞「けり」の意味を二つ答えよ。

3 助動詞「き」の活用表を完成させよ。

基本形	未然形	連用形	終止形	連体形	已然形	命令形
き						

4 助動詞「けり」の活用表を完成させよ。

基本形	未然形	連用形	終止形	連体形	已然形	命令形
けり						

5 過去の助動詞「き」「けり」の接続を答えよ。

ここがポイント！

①「き」は形がころころ変わるので長文に出たとき見逃さないように、活用をしっかり覚えておこう。
②「き」の未然形「せ」は、「Aせば、Bまし」の形でのみ使われる。「Aせば、Bまし」は〈モシAダッタナラ、Bダッタダロウニ〉と訳す**反実仮想の構文**（詳しくは46ページ参照）。
③詠嘆の「けり」は主に和歌や会話文中で用いられた。
④詠嘆の「けり」は「気付き」と呼ぶこともある。和歌や会話文中、また「なりけり」の形であらわれることも多い。

6 詠嘆の助動詞「けり」の訳し方を答えよ。

7 助動詞「けり」が、伝聞過去ではなく、詠嘆になるのはどんな場合か。

チェック問題（26～27ページ）**解答**

1 体験過去（直接経験の過去） **2** 伝聞過去（間接経験の過去）／詠嘆（順不同） **3** せ／○／き／し／しか／○ **4** けら／○／けり／ける／けれ／○ **5** 連用形 **6** だなあ・なあ・ことだ・ことよ・よ・ねえ **7** 和歌中・会話文中・「なりけり」の「けり」

9 助動詞 つ・ぬ・たり・り

学習日　　月／日

つ・ぬ

○活用と接続

基本形	未然形	連用形	終止形	連体形	已然形	命令形	接続
つ	て	て	つ	つる	つれ	てよ	連用形
ぬ	な	に	ぬ	ぬる	ぬれ	ね	連用形

○意味と用法

①完了〈～タ・～テシマッタ〉

②強意〈キット～〉

⇩下に推量の助動詞がきたら強意。次の16パターンを覚えておく。

てむ・なむ・つべし・ぬべし・つらむ・ぬらむ・てまし・なまし・てけむ・にけむ・つめり・ぬめり・つらし・ぬらし・てむず・なむず

ここがポイント!

完了の「つ」「ぬ」は文法問題が頻出。次の形は覚えておいて、「完了」と即答できるようにしよう。

○**てき・てけり**（「て」は「つ」の連用形）

○**にき・にけり・にたり**（「に」は「ぬ」の連用形）

チェック問題

解答は左ページ

1 助動詞「つ」「ぬ」の意味を二つ答えよ。

2 助動詞「つ」「ぬ」の活用表を完成させよ。

基本形	未然形	連用形	終止形	連体形	已然形	命令形
つ						
ぬ						

3 助動詞「つ」「ぬ」の接続を答えよ。

4 完了の助動詞「つ」「ぬ」が強意になるのはどんな場合か答えよ。

たり・り

○活用と接続

基本形	未然形	連用形	終止形	連体形	已然形	命令形	接続
たり	たら	たり	たり	たる	たれ	たれ	連用形
り	ら	り	り	る	れ	れ	※

※「り」の接続は、サ変の未然形・四段の已然形。

○意味と用法

①完了〈～タ・～テシマッタ〉
②存続〈～テイル・～テアル〉

⇩〈～テイル・～テアル〉と訳せたら存続。無理ならば完了。

ここがポイント！

完了の「り」は他の語との識別問題が頻出（詳しくは82ページ参照）。e段音に付いたら「完了」と覚えておこう。

例 咲け(e)らば　咲け(e)り　咲け(e)る花　咲け(e)れど

5 助動詞「たり」「り」の意味を二つ答えよ。

6 助動詞「たり」「り」の活用表を完成させよ。

基本形	未然形	連用形	終止形	連体形	已然形	命令形
たり						
り						

7 助動詞「たり」の接続を答えよ。

8 助動詞「り」の接続を二つ答えよ。

チェック問題（28～29ページ）解答

1 完了／強意（順不同）☆「つ」「ぬ」には並列〈～タリ～タリ〉の意味もある。例 行きつ戻りつ　浮きぬ沈みぬ　**2**「つ」て／て／つ／つる／つれ／てよ「ぬ」な／に／ぬ／ぬる／ぬれ／ね　**3** 連用形　☆「つ」は意志的動作に付き、「ぬ」は自然発生的動作に付くという傾向がある。例 歌詠みつ。雨降りぬ。　**4** 下に推量の助動詞がきたとき。　**5** 完了／存続（順不同）　**6**「たり」たら／たり／たり／たる／たれ／たれ「り」ら／り／り／る／れ／れ　**7** 連用形　**8** サ変の未然形／四段の已然形（順不同）

2 練習問題（助動詞　き・けり・つ・ぬ・たり・り）

解答は別冊10ページ

学習日　　月　　日

1 次の各文中から、過去の助動詞をそのままの形で抜き出し（A）、その活用形を答えよ（B）。

① にはかに都遷《うつ》り侍《はべ》りき。

② 昔もひとたびふたたび通ひし道なり。

③ 世の中にたえて桜のなかりせば春の心はのどけからまし

	A	B
①		
②		
③		

2 次の傍線部の「けり」のうち、詠嘆でないものを選び記号を答えよ。

① 「犬なども、かかる心あるものなりけり」と笑はせ給ふ。

② 人もなき空しき家は草枕旅にまさりて苦しかりけり

③ 式部《しきぶ》卿宮《きやうのみや》、明けん年ぞ五十になり給ひける。

④ ふるさととなりにし平城《なら》の都にも色はかはらず花は咲きけり

3 次の各文中から、完了の助動詞をそのままの形で抜き出せ。

① この男、垣間《かいま》見てけり。

② 雀《すずめ》の子を犬君《いぬき》が逃がしつる。

③ 花もみな咲きぬれど、音もせず。

④ 河内《かはち》へも行かずなりにけり。

①	②	③	④

4 次の傍線部を現代語訳せよ。

① 雨降りぬ。

② 風も吹きぬべし。

①	②

5 次の傍線部の助動詞の意味が強意のものを二つ選び、その記号を答えよ（順不同）。

① なにの身にこのたびはなりぬらむ。
② 当代まで六十八代にぞならせ給ひにける。
③ 天気《てけ》のこと、楫取《かぢとり》の心にまかせつ。
④ かくしつつ世は尽きぬべきにや。

6 次の各文中から助動詞「たり」「り」をそのままの形で抜き出し（A）、その活用形を答えよ（B）。

① 楫取は舟歌うたひて、何とも思へらず。
② うつくしきもの。瓜《うり》にかきたる稚児《ちご》の顔。
③ 兼行《かねゆき》が書ける扉、あざやかに見ゆるぞあはれなる。
④ 我死なむ後に、たちまちに葬することなくして、九日置きたれ。

	A	B
①		
②		
③		
④		

7 次の傍線部を現代語訳せよ。

① その沢に、かきつばた、いとおもしろく咲きたり。
② 遊女《あそび》三人《みたり》、いづくよりともなく出《い》で来《き》たり。
③ その辺りに、照《て》り輝く木ども立てり。

①	②	③

10 助動詞 る・らる

学習日　月／日

○活用と接続

基本形	未然形	連用形	終止形	連体形	已然形	命令形	接続
る	れ	れ	る	るる	るれ	れよ	未然形
らる	られ	られ	らる	らるる	らるれ	られよ	未然形

＊可能と自発の意味になる場合には命令形はない。

＊「る」…四段・ナ変・ラ変動詞の未然形（a段音）に接続。
「らる」…右以外の動詞の未然形に接続。

○意味と用法

①**自発**〈自然ト～サレル・～セズニハイラレナイ〉

心情動詞・知覚動詞 ＋ る・らる

＊心情動詞（「思ふ」・「嘆く」など）・知覚動詞（「知る」・「見る」など）に付くことが多い。

例 我ながら、いたう悲しと**嘆かる**。

訳 自分でも、たいそう悲しいと嘆かずにはいられない。

②**可能**〈～コトガデキル〉

る・らる ＋ 打消

＊下に打消語を伴うのが原則。

例 夜一夜、寝**られず**。 訳 一晩中、眠ることができない。

チェック問題

解答は左ページ

1 助動詞「る」「らる」の意味を四つ答えよ。

2 助動詞「る」の活用表を完成させよ。

基本形	未然形	連用形	終止形	連体形	已然形	命令形
る						

3 助動詞「らる」の活用表を完成させよ。

基本形	未然形	連用形	終止形	連体形	已然形	命令形
らる						

4 助動詞(1)「る」の接続と、(2)「らる」の接続を答えよ。

(1)

(2)

＊鎌倉時代以降は打消語を伴わなくても、可能の意味になることがある。

例 冬はいかなる所にも住まる。 **訳** 冬はどんな所にでも住むことができる。

③ **受身〈～サレル〉**

［～に］…［る・らる］

例「はやう往ね」など、**人々に**言はる。

訳「はやく行け」などと、人々に言われる。

＊上に「～に」がある。なくても現代語訳の際に補える。

④ **尊敬〈～ナサル・オ～ニナル〉**

［（主語が）貴人］…［る・らる］

例 **大師**は朱雀門《すざくもん》と書かれ、**帝**《みかど》は陽明門と書かる。

訳 弘法大師は朱雀門とお書きになり、天皇は陽明門とお書きになる。

＊主語が「貴人」か、「敬いたい人」。

ここがポイント！

① **心情動詞・知覚動詞**…心情動詞は「思ふ」「嘆く」など。知覚動詞は「知る」「見る」など。

② **可能の形**…**打消の語を伴うのが原則**なので、「れず・られず」「れじ・られじ」「れで・られで」の形をとることが多い。

③ **「仰せらる」**…「仰せらる」の「らる」は必ず尊敬になる。

④ **「れ給ふ」「られ給ふ」**…「れ給ふ」「られ給ふ」の「れ」「られ」は絶対に尊敬にはならない。ほとんどが受身か自発。

5 **自発の助動詞「る」「らる」はどのような動詞に付く傾向があるか二つ答えよ。**

6 **「れ給ふ」「られ給ふ」の「れ」「られ」の意味として適当でないものはどれか、A～Dの中から選べ。**

A 自発　B 可能　C 受身　D 尊敬

チェック問題（32～33ページ）**解答**

1 自発／可能／受身／尊敬（順不同） **2** れ／れ／る／るる／るれ／れよ **3** られ／られ／らる／らるる／らるれ／られよ **4** (1)四段・ナ変・ラ変動詞の未然形 (2)四段・ナ変・ラ変以外の動詞の未然形 **5** 心情動詞／知覚動詞（順不同） **6** D

11 助動詞 す・さす・しむ・ず

す・さす・しむ

○活用と接続

基本形	未然形	連用形	終止形	連体形	已然形	命令形	接続
す	せ	せ	す	する	すれ	せよ	未然形
さす	させ	させ	さす	さする	さすれ	させよ	未然形
しむ	しめ	しめ	しむ	しむる	しむれ	しめよ	未然形

＊「す」…四段・ナ変・ラ変動詞の未然形（a段音）に接続。

＊「さす」…右以外の動詞の未然形に接続。

＊「しむ」…未然形に接続。漢文調の文章でよく用いられた。

○意味と用法

①使役〈～サセル〉

②尊敬〈～ナサル・オ～ニナル〉

＊下に尊敬語（「給ふ」「おはす」「おはします」など）がないときは使役。あるときは尊敬か使役で、文脈判断が必要。

ここがポイント！

①**二重尊敬…尊敬**「す・さす・しむ」の下に「給ふ」の付いた「**せ給ふ**」「**させ給ふ**」「**しめ給ふ**」は、二重尊敬の典型的な形。地の文で

チェック問題

解答は左ページ

1 助動詞「す」「さす」「しむ」の意味を二つ答えよ。

2 助動詞「す」の活用表を完成させよ。

基本形	未然形	連用形	終止形	連体形	已然形	命令形
す						

3 助動詞「さす」の活用表を完成させよ。

基本形	未然形	連用形	終止形	連体形	已然形	命令形
さす						

4 助動詞(1)「す」の接続と、(2)「さす」の接続を答えよ。

(1)

(2)

学習日　月　日

は、天皇・皇族など、きわめて身分が高い人に用いられた。訳し方は、普通の尊敬と同じ〈～ナサル・オ～ニナル〉。

例 帝《みかど》、文など書かせ給ふ。 訳 天皇は、手紙などお書きになる。

②**見かけだけの二重尊敬**…いくら二重尊敬の形をとっていても、「～(＝誰々)に」が「せ給ふ・させ給ふ・しめ給ふ」の上にあると使役。

例 帝、人々に歌詠ませ給ふ。 訳 天皇は人々に歌を詠ませなさる。

ず

○活用と接続

基本形	未然形	連用形	終止形	連体形	已然形	命令形	接続
ず	○	ず	ず	ぬ	ね	○	未然形
	ざら	ざり	○	ざる	ざれ	ざれ	

○意味と用法

打消〈～ナイ〉

ここがポイント！

＊活用表の左側、「ざら／ざり／○／ざる／ざれ／ざれ」の系列を**補助活用**（右側は**本活用**）といい、下に助動詞が付くときに使う。

＊問題を解くときによく使うので、活用をしっかり覚えておくこと。

5 助動詞「す」「さす」「しむ」について二重尊敬の典型的な形を三つ答えよ。

6 助動詞「ず」の意味を答えよ。

7 助動詞「ず」の活用表を完成させよ。

基本形	未然形	連用形	終止形	連体形	已然形	命令形
ず						

8 助動詞「ず」に他の助動詞が接続する場合、本活用と補助活用のどちらに付くか答えよ。

チェック問題（34～35ページ）**解答**

1 使役／尊敬（順不同） **2** せ／せ／す／する／すれ／せよ **3** させ／させ／さす／さする／さすれ／させよ **4** (1)四段・ナ変・ラ変動詞の未然形 (2)四段・ナ変・ラ変以外の動詞の未然形 **5** せ給ふ／させ給ふ／しめ給ふ（順不同） **6** 打消 **7** ○・ざら／ず・ざり／ず・○／ぬ・ざる／ね・ざれ／○・ざれ **8** 補助活用

3 練習問題（助動詞 る・らる・す・さす・しむ・ず）

解答は別冊16ページ

学習日　月／日

1 次の空欄に助動詞「る」「らる」のどちらか適当な方を入れよ（終止形のままでよい）。

① 人に疑は□。
② 人に害せ□。
③ 人に命ぜ□。

①	②	③

2 次の傍線部の助動詞「る」「らる」の意味（A）と活用形（B）を答えよ。

① 盗人なりければ、国の守《かみ》にからめられにけり。
② 大将いとま申して、福原へこそ帰られけれ。
③ 湯水ものどへ入れられず。
④ 今日は都のみぞ思ひやらるる。

	A	B
①		
②		
③		
④		

3 次の各文中から助動詞「る」「らる」をそのままの形で抜き出し（A）、その意味を答えよ（B）。

① 西の宮の左大臣《ひだりのおとど》流され給ふ。（蜻蛉日記）
② あるやむごとなき人仰せられき。（徒然草）
③ 家の造りやうは夏を旨《むね》とすべし。冬はいかなる所にも住まる。（徒然草）
④ いかに結びおきける前《さき》の世のちぎりにかと、もののみ思ひつづけられて、あはれ、しのびがたきここちす。（讃岐典侍日記）
⑤ おぼつかなきもの。ものもまだ言はぬ乳児《ちご》の、反《そ》りくつがへり人にも抱かれず泣きたる。（枕草子）

	A	B
①		
②		
③		
④		
⑤		

4 次の空欄に助動詞「す」「さす」のどちらか適当な方を入れよ（終止形のままでよい）。

① 妻《め》の媼《おうな》に預けて養は□。
② 贈り物、御覧ぜ□。

①	②

5 次の傍線部の助動詞の意味を答えよ。

① 下部に酒飲まするることは心すべきことなり。
② 関白殿、黒戸《くろど》より出でさせ給ふ。
③ 随身《ずいじん》にうたはせ給ふ。
④ おほやけも行幸《ぎやうがう》せしめ給ふ。

①	②	③	④

6 次の傍線部の助動詞の意味を答えよ。

① 持たせたる旗、あげさせよ。
② 君も臣も、大きに騒がせおはします。
③ 帝おりさせ給ひぬれば、東宮位につかせ給ひぬ。
④ 内（＝天皇）にも、このかたに心得たる人々に弾かせ給ふ。

①	②	③	④

7 次の各文中の打消の助動詞をそのままの形で抜き出し（A）、その活用形を答えよ（B）。

① げにただ人にはあらざりけり。
② 京には見えぬ鳥なれば、みな人見知らず。
③ 風の吹くことやまねば、岸の波立ちかへる。

	①	②	②	③
A				
B				

※②の解答は順不同。

12 助動詞 む・むず・じ

学習日　月／日

む・むず

○活用と接続

基本形	未然形	連用形	終止形	連体形	已然形	命令形	接続
む	○	○	む	む	め	○	未然形
むず	○	○	むず	むずる	むずれ	○	未然形

＊「む」は「ん」と書かれることもある。

○意味と用法

①推量〈～ダロウ〉　②意志〈～シヨウ〉
③勧誘（適当）〈～ガヨイ〉　④仮定〈モシ～ナラ、ソノ（ソレ）〉
⑤婉曲《えんきょく》〈～ヨウナ〉

＊①から③までは文末用法（――む。）が原則。
④、⑤は連体形の文中用法（――む――。）が原則。

＊婉曲は〈～ヨウナ〉と訳してもよいし、訳さないで省いてもよい。

ここがポイント！

①**文末用法**…主語が一人称なら**意志**。主語が二人称なら**勧誘**（**適当**）。主語が三人称なら**推量**になるのが原則。

例 我、行か[む]。→**意志**　訳 私が行こう。

チェック問題

解答は左ページ

1 助動詞「む」の意味を四つ答えよ。

2 助動詞「む」の活用表を完成させよ。

基本形	未然形	連用形	終止形	連体形	已然形	命令形
む						

3 助動詞「む」の接続を答えよ。

4 助動詞「む」が仮定・婉曲の意味になるのは、どんなときか答えよ。

例 汝《なんぢ》、行か[む]。→勧誘（適当） 訳 あなたは行くのがよい。

例 彼、行か[む]。→推量 訳 あの人は行くだろう。

② **文中用法**…文中の「む」は**仮定**・**婉曲**のどちらにしてもよい。直下に名詞がくれば**婉曲**、直下に助詞がくれば**仮定**にすると訳しやすい。

例 咲か[む]花を見る。→**婉曲** 訳 咲く花を見る。
→**仮定** 訳 もし花が咲いたなら、その花を見る。

③ **頻出の形**…「こそ――め。」の「め」は**勧誘**（**適当**）で出題されることが多い。

④「**むず**」…「む」の意味とほぼ同じ。入試問題で問われることは少ない。

じ

○活用と接続

基本形	未然形	連用形	終止形	連体形	已然形	命令形	接続
じ	○	○	じ	じ	じ	○	未然形

○意味と用法

① **打消推量**〈～ナイダロウ・～マイ〉

② **打消意志**〈～ナイツモリダ・～マイ〉

＊主語が一人称なら②。それ以外なら①。

ここがポイント！

＊「じ」は「む」の意味の打消である。

5「こそ――め」の「め」が入試で出題された場合、まず最初に考えないといけない意味はどれか、ア～オから選べ。

ア 推量 イ 意志 ウ 勧誘 エ 仮定 オ 婉曲

6 助動詞「むず」の活用表を完成させよ。

基本形	未然形	連用形	終止形	連体形	已然形	命令形
むず						

7 助動詞「じ」の意味を二つ答えよ。

チェック問題（38～39ページ）**解答**

1 推量／意志／勧誘（適当）／仮定／婉曲（以上の中から四つ・順不同） **2** ○／○／む／む／め／○ **3** 未然形 **4** 文中に連体形で使われたとき。 **5** ウ **6** ○／○／むず／むずる／むずれ／○ **7** 打消推量／打消意志（順不同）

13 助動詞　らむ・けむ

学習日　月／日

○活用と接続

基本形	未然形	連用形	終止形	連体形	已然形	命令形	接続
らむ	○	○	らむ	らむ	らめ	○	終止形
けむ	○	○	けむ	けむ	けめ	○	連用形

＊「らむ」は、ラ変型には連体形に接続。
＊「らむ」は「らん」、「けむ」は「けん」と書かれることもある。

らむ

○意味と用法

①**現在推量**　〈～イルダロウ〉
②**現在の原因推量**　〈ドウシテ～イルノダロウ〉
③**現在の伝聞・婉曲**　〈～イルトカイウ・～イルヨウナ〉

＊①・②は文末用法（――らむ。）が原則。
＊③は連体形の文中用法（――らむ――。）が原則。

ここがポイント！

現在の原因推量…「らむ」の上に「どうして」と訳す語があるか、訳すときに「どうして」を補える場合が原則。現在推量に含めて考えられ

チェック問題

解答は左ページ

1 助動詞「らむ」の意味を三つ答えよ。

2 助動詞「らむ」の接続を答えよ。

3 助動詞「らむ」の活用表を完成させよ。

基本形	未然形	連用形	終止形	連体形	已然形	命令形
らむ						

4 助動詞「けむ」の意味を三つ答えよ。

ることが多く、入試問題で判別させることはきわめて少ない。

例 など時鳥《ほととぎす》声絶えぬらむ。

訳 どうしてほととぎすの声がしなくなってしまっているのだろう。

けむ

○意味と用法

① **過去推量** 〈〜タダロウ〉

② **過去の原因推量** 〈ドウシテ〜タノダロウ〉

③ **過去の伝聞・婉曲** 〈〜タトカイウ・〜タヨウナ〉

＊「けむ」の用法は「らむ」とほぼ同じである。

＊①・②は文末用法（――けむ。）が原則。

＊③は連体形の文中用法（――けむ――。）が原則。

ここがポイント！

過去の原因推量…「けむ」の上に「どうして」と訳す語があるか、訳すときに「どうして」を補える場合が原則。過去推量に含めて考えられることが多く、入試問題で判別させることはきわめて少ない。

例 夕べは秋となに思ひけむ。

訳 夕方は秋に限るとどうして思っていたのだろう。

5 助動詞「けむ」の接続を答えよ。

6 助動詞「けむ」の活用表を完成させよ。

基本形	未然形	連用形	終止形	連体形	已然形	命令形
けむ						

7 次の動詞の活用を、接続する助動詞に注意してなおせ。

(1) （咲く）らむ

(2) （咲く）けむ

(3) （咲く）む

(4) （す）らむ

(5) （す）けむ

(6) （す）む

(1)　(2)　(3)　(4)　(5)　(6)

チェック問題（40〜41ページ）解答

1 現在推量／現在の原因推量／現在の伝聞・婉曲（順不同） **2** 終止形（ラ変型には連体形） **3** ○／○／らむ／らむ／らめ／○ **4** 過去推量／過去の原因推量／過去の伝聞・婉曲（順不同） **5** 連用形 **6** ○／○／けむ／けむ／けめ／○ **7** (1)咲く (2)咲き (3)咲か (4)す (5)し (6)せ

14 助動詞 べし・まじ

学習日　月／日

○活用と接続

基本形	未然形	連用形	終止形	連体形	已然形	命令形	接続
べし	○ べから	べく べかり	べし ○	べき べかる	べけれ ○	○ ○	終止形
まじ	○ まじから	まじく まじかり	まじ ○	まじき まじかる	まじけれ ○	○ ○	終止形

＊ラ変型には連体形に接続。

べし

○意味と用法

①**推量**〈～ダロウ〉
②**意志**〈～シヨウ〉
③**可能**〈～デキル〉
④**当然**〈～ハズダ・～ベキダ〉
⑤**命令**〈～セヨ〉
⑥**適当**〈～ガヨイ〉

＊主語が一人称なら「意志」。主語が二人称なら「命令」。それ以外は文脈判断。

チェック問題

解答は左ページ

1 助動詞「べし」の意味を六つ答えよ。

2 助動詞「べし」の活用表を完成させよ。

基本形	未然形	連用形	終止形	連体形	已然形	命令形
べし						

3 助動詞「べし」の接続を答えよ。

4 助動詞「まじ」はどの助動詞の打消か、答えよ。

ここがポイント!

①**「べし」の意味**…「べし」の意味は「当然」が基本。一つの意味に決められないことも多いから、訳が通れば何でもいいと考える。

②**可能の「べし」**…打消文中に多い。「べし」が打消文中に使われていたら、まず「可能」で訳してみよう。おかしければ、他の意味を考える。

まじ

○意味と用法

①**打消推量**〈～ナイダロウ・～マイ〉
②**打消意志**〈～ナイツモリダ・～マイ〉
③**不可能**〈～デキナイ〉
④**打消当然**〈～ハズガナイ・～ベキデナイ〉
⑤**禁止**〈～スルナ〉
⑥**不適当**〈～ナイノガヨイ〉

ここがポイント!

＊「まじ」は「べし」の意味の打消である。

5 助動詞「まじ」の意味を二つ答えよ。

6 助動詞「まじ」の意味が打消推量の場合、どのように訳せばよいか、答えよ。

7 助動詞「まじ」の意味が打消意志の場合、どのように訳せばよいか、答えよ。

8 助動詞「まじ」の接続を答えよ。

チェック問題（42～43ページ）**解答**

1推量／意志／可能／当然／命令／適当（順不同） **2**○・べから／べく・べかり／べし・○／べき・べかる／べけれ・○／○・○ **3**終止形（ラ変型には連体形） **4**べし **5**打消推量・打消意志・不可能・打消当然・禁止・不適当（以上の中から二つ、順不同） **6**～ないだろう・～まい **7**～ないつもりだ・～まい **8**終止形（ラ変型には連体形）

4 練習問題（助動詞 む・むず・じ・らむ・けむ・べし・まじ）

解答は別冊24ページ

学習日　月／日

1 次の傍線部「む」の意味を答えよ。

① 我行かむ。
② 汝《なんぢ》行かむ。
③ 花咲かむ。
④ 花咲かむ時。

①	②	③	④

2 次の傍線部の助動詞の意味を答えよ。

① 「この障子口《さうじぐち》に、まろは寝たらむ。」
② 「少納言よ、香炉峰《かうろほう》の雪いかならむ。」
③ 「などかくは急ぎ給ふ。花を見てこそ帰り給はめ。」

①	②	③

3 次の傍線部の助動詞の意味（A）と活用形（B）を答えよ。

① 思はむ子を法師になしたらむこそ、心苦しけれ。
② 「我こそ死なめ」とて、泣きののしること、いと耐へがたげなり。
③ 年五十になるまで上手に至らざらん芸をば捨つべきなり。

	①	②	③
A			
B			

4 次の傍線部を、例にならって品詞分解せよ。

死なんずるは、思ひまうけたれば、命は惜しくもあらず。

例
名詞　雨 ― 助詞　の ― 動詞　降り ― 助動詞　ける ― 名詞　こと

死　な　ん　ず　る　は

5 次の各文を現代語訳せよ。

① 雨降らじ。
② 我行かじ。

①	②

6 次の空欄に動詞「思ふ」を正しい形にして入れよ。

① 人を□らむ。
② 人を□けむ。

① ②

7 次の傍線部を「らむ」の用法に注意して現代語訳せよ。

① 奥山に花咲くらむ。
② 唐土《もろこし》に咲くらむ花。

① ②

8 次の傍線部「けむ」の意味を答えよ。

① 前《さき》の世の罪なりけむ。
② 古《いにしへ》にありけむ鳥も、今はなし。

① ②

9 次の傍線部の「らむ」のうち、現在推量の助動詞であるものはどれか答えよ。

① 文を置きてまからむ。
② わが背子はいづく行くらむ。
③ あはれ知れらむ人。

10 次の傍線部の助動詞の意味を答えよ。

① 我かならず万歳《ばんぜい》をうたふべし。
② これは汝が髻《もとどり》と思ふべからず、主《しゅう》の髻と思ふべし。
③ 今日は日暮れぬ。勝負を決すべからず。

① ② ③

11 次の傍線部の助動詞の意味を、ア〜オから選んで答えよ。

① 唐《から》の物は、薬のほかは、なくとも事欠くまじ。
② 妻《め》といふものこそ、男《をのこ》の持つまじきものなれ。

ア 打消推量　イ 禁止　ウ 不可能
エ 打消当然　オ 打消意志

① ②

15 助動詞 まし・まほし・たし

学習日　　月　　日

まし

○活用と接続

基本形	未然形	連用形	終止形	連体形	已然形	命令形	接続
まし	ませ ましか	○	まし	まし	ましか	○	未然形

○意味と用法

① 反実仮想 〈モシAダッタナラバ、Bダッタダロウニ〉

A ［ませ／ましか／せ］ ば、B ［まし］。

例 友あらましかば、うれしからまし。

訳 もし友達がいたならば、うれしかっただろうに。

② ためらいの意志 〈〜シヨウカシラ〉

［疑問語（「いかに」「なに」「や」「か」など）］ ― ［まし］。

例 何を言はまし。

訳 何を言おうかしら。

③ 推量 〈〜ダロウ〉 ①・②以外

チェック問題

解答は左ページ

1 助動詞「まし」の「推量」以外の意味を二つ答えよ。

［　　］［　　］

2 助動詞「まし」の活用表を完成させよ。

基本形	未然形	連用形	終止形	連体形	已然形	命令形
まし						

3 助動詞「まし」の接続を答えよ。

［　　］

4 反実仮想の代表的な形を三つ答えよ。

(1) A［　　］ば、B［　　］。

(2) A［　　］ば、B［　　］。

(3) A［　　］ば、B［　　］。

ここがポイント！

①「Aせば、Bまし」の「せ」は過去の助動詞「き」の未然形である。
②反実仮想には「未然形＋ば…まし」という形もある。
例 雨降らば、花も散らまし。
訳 もし雨が降っていたならば、花も散っていただろうに。

まほし・たし

○活用と接続

基本形	未然形	連用形	終止形	連体形	已然形	命令形	接続
まほし	○	まほしく	まほし	まほしき	まほしけれ	○	未然形
	まほしから	まほしかり	○	まほしかる	○	○	
たし	○	たく	たし	たき	たけれ	○	連用形
	たから	たかり	○	たかる	○	○	

○意味と用法

希望〈～タイ・～テホシイ〉

ここがポイント！

「たし」は「まほし」の俗語的表現で、意味はまったく同じ。鎌倉時代以後、盛んに使われるようになった。

5 助動詞「まほし」の意味と訳し方を記せ。

意味

訳し方

6 助動詞「まほし」の接続を答えよ。

7 助動詞「たし」の意味と訳し方を記せ。

意味

訳し方

8 助動詞「たし」の接続を答えよ。

チェック問題（46～47ページ）解答

1 反実仮想／ためらいの意志（順不同） **2** ませ・ましか／○／まし／まし／ましか／○ **3** 未然形 **4** (1)ませ／まし (2)ましか／まし (3)せ／まし (1)～(3)順不同 **5** 希望／～たい・～てほしい **6** 未然形 **7** 希望／～たい・～てほしい **8** 連用形

16 助動詞 なり

学習日 月 日

なり（断定）

○活用と接続

基本形	未然形	連用形	終止形	連体形	已然形	命令形	接続
なり	なら	なり に	なり	なる	なれ	なれ	体言 連体形

○意味と用法

①断定〈～デアル〉

②存在〈～ニアル・～ニイル〉

＊「存在」は場所や方向をあらわす名詞に付くのが原則。

例 春日なる三笠《みかさ》の山

訳 春日にある三笠の山

ここがポイント！

①断定の連用形「に」…「に・あり」の形をとるのが原則。

例 何事にかあらむ。 訳 何事であろうか。

②断定の助動詞には「たり」もある。

基本形	未然形	連用形	終止形	連体形	已然形	命令形	接続
たり	たら	たり と	たり	たる	たれ	たれ	体言

チェック問題

解答は左ページ

1 断定の助動詞「なり」のもう一つの意味を答えよ。

2 終止形に付く助動詞「なり」の意味を二つ答えよ。

3 (1)断定の助動詞「なり」と(2)伝聞推定の助動詞「なり」の活用表を完成させよ。

(1)断定

基本形	未然形	連用形	終止形	連体形	已然形	命令形
なり						

(2)伝聞推定

基本形	未然形	連用形	終止形	連体形	已然形	命令形
なり						

「臣たる者（家来である者）」のように、必ず体言に付くから、完了の助動詞とまぎれることはない。

なり（伝聞推定）

○活用と接続

基本形	未然形	連用形	終止形	連体形	已然形	命令形	接続
なり	○	なり	なり	なる	なれ	○	終止形

＊伝聞推定の「なり」はラ変型には連体形に接続。

○意味と用法

①**伝聞**〈〜ソウダ・〜トカイウ〉

②**推定**〈〜ヨウダ〉

＊文中で音を聞いているようなら「推定」（衣擦《きぬず》れの音→人が来たヨウダ）。それ以外は「伝聞」が原則。

ここがポイント！

伝聞推定・上の語の音変化…伝聞推定の上に、「――る」（ラ変型活用語の連体形）がくると、撥音便《はつおんびん》無表記になることが多い。

例 あるなり　→**あん**（撥音便）なり　→**あ**（無表記）なり

4 (1)断定の助動詞「なり」と(2)伝聞推定の助動詞「なり」の接続をそれぞれ答えよ。

(1)断定

(2)伝聞推定

5 「あなり」の音変化の過程を答えよ。

(1)　→　(2)　→　あなり

6 「あなり」の「あ」を文法的に説明せよ。

ラ変動詞「あり」の連体形の

チェック問題（48〜49ページ）解答

1 存在　**2** 伝聞／推定（順不同）　**3** (1)なら／なり・に／なり／なる／なれ／なれ　(2)○／なり／なり／なる／なれ／○　**4** (1)連体形・体言（順不同）　(2)終止形（ラ変型には連体形）　**5** (1)あるなり　(2)あんなり　**6** 撥音便無表記

17 助動詞 めり・らし・ごとし

学習日 月／日

めり・らし

○活用と接続

基本形	未然形	連用形	終止形	連体形	已然形	命令形	接続
めり	○	めり	めり	める	めれ	○	終止形
らし	○	○	らし	らし	らし	○	終止形

＊「めり」も「らし」もラ変型には連体形に接続。

○意味と用法

めり　**推定**〈～ヨウダ〉・**婉曲**〈～ヨウダ〉

＊推定と婉曲とは無理に区別しなくてもよい。

らし　**推定**〈～ラシイ〉

ここがポイント！

①「めり」は「見あり」が語源といわれ、**視覚による推定**をあらわす。

②「めり」の上の語の音変化…「めり」の上に、「――る」（ラ変型活用語の連体形）がくると、撥音便《はつおんびん》無表記になることが多い。

例 あるめり　→**あん**（撥音便）めり　→**あ**（無表記）めり

③「らし」は**根拠のある推定**といわれ、和歌で用いるのが原則。

チェック問題

解答は左ページ

1 助動詞「めり」の活用表を完成させよ。

基本形	未然形	連用形	終止形	連体形	已然形	命令形
めり						

2 助動詞「めり」の意味を二つ答えよ。

3 助動詞「めり」の接続を答えよ。

4 助動詞「らし」の活用表を完成させよ。

基本形	未然形	連用形	終止形	連体形	已然形	命令形
らし						

5 助動詞「らし」の意味を答えよ。

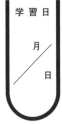

ごとし

○活用と接続

基本形	未然形	連用形	終止形	連体形	已然形	命令形	接続
ごとし	○	ごとく	ごとし	ごとき	○	○	連体形 助詞 「が」「の」

○意味と用法

比況〈～ヨウダ〉

＊比況とは、あるものを他のものにたとえること。「光陰、矢のごとし」といえば、「光陰（時間）」を「矢」にたとえている。

6 助動詞「らし」の接続を答えよ。

7 助動詞「ごとし」の意味を答えよ。

8 助動詞「ごとし」の訳し方を答えよ。

チェック問題（50～51ページ）解答

1 ○／めり／めり／める／めれ／○ **2**（視覚による）推定／婉曲（順不同） **3** 終止形（ラ変型には連体形） **4** ○／○／らし／らし／らし／○ **5**（根拠のある）推定 **6** 終止形（ラ変型には連体形） **7** 比況 **8** ～ようだ

5 練習問題（助動詞 まし・まほし・たし・なり・めり・らし・ごとし）

解答は別冊32ページ

学習日　月／日

1 次の空欄に正しい語を入れよ。

① 鏡に色・形あら□ば、映らざらまし。

② 世の中にたえて桜のなかり□ば春の心はのどけからまし

①	②

2 次の傍線部を、助動詞の用法に注意して現代語訳せよ。

① いつはりのなき世なりせばいかばかり人の言の葉うれしからまし

＊「人」…「あなた」と訳す。

② これに何を書かまし。

③ おのが行かまほしき所へ往《い》ぬ。

①	②	③

3 次の傍線部の助動詞「なり」の意味（A）と活用形（B）を答えよ。

① 秋の月は限りなくめでたきものなり。

② 駿河《するが》なる富士の高嶺《たかね》

	①	②
A		
B		

4 次の傍線部の助動詞「なり」の意味（A）と活用形（B）を答えよ。

① 楫《かぢ》の音ぞほのかにすなる。

② また聞けば、侍従《じじゅう》の大納言の御女《むすめ》なくなり給ひぬなり。

	①	②
A		
B		

5 次の傍線部を「なり」の意味に注意して現代語訳せよ。

① 家なる妹《いも》。

② たたみをそよそよと踏みて、人来《く》なり。

①	②

6 次の傍線部の助動詞「なり」が、断定・存在の意味をもつものならA、伝聞推定の意味をもつものならBと答えよ。

① 男もすなる日記といふものを女もしてみむとてするなり。
② 妻戸を、やはら、かい放つ音すなり。
③ 信濃《しなの》にあんなる木曽路川《きそぢがは》。
④ 神代《かみよ》より世にあることを記しおきけるなり。

①	②	③	④

7 次の各文中から断定の助動詞を抜き出し（A）、その活用形を答えよ（B）。

① 世には、心得ぬことの多きなり。
② おのが身はこの国の人にもあらず。
③ まだ、いと下﨟《げらふ》に侍《はべ》りし時、あはれと思ふ人侍りき。

	A	B
①		
②		
③		

8 次の傍線部を現代語訳せよ。

① 山陰の暗がりたる所を見れば、蛍はおどろくまで照らすめり。
② 大道、直きこと、髪のごとし。

①	②

9 次の和歌を読み、説明文の空欄をうめよ。

夕されば衣手寒しみよしのの吉野の山にみ雪降るらし

「夕《ゆふ》されば」は ① という意味。「衣手」は「袖」という意味である。「みよしのの吉野の山」は単に「吉野山」と訳し、「み雪」も「雪」と訳せばよい。この和歌の意味は「 ① 袖が寒い。吉野山に雪が ② 」ということになる。

助動詞「らし」の意味は根拠のある推定で、この例のようにもっぱら ③ の中で用いる。この歌では「みよしのの吉野の山にみ雪降るらし」というのが推定する内容。「夕されば衣手寒し」というのが、推定の根拠となっている。だから、根拠のある推定というのである。

①	②	③

18 格助詞

学習日　月／日

格助詞は全部で「が・の・を・に・へ・と・より・から・にて・して」の十個あるが、ここでは主要なものを紹介しておく。

▼「の」

①連体格〈～ノ〉… 体言にかかる

例 花の影　訳 花の姿

②準体格〈～ノモノ〉… 体言の代用をする

例 万葉の歌、古今の歌など、古《いにしへ》のはあはれなり。

訳 万葉集の歌、古今集の歌など、昔の歌はしみじみすばらしい。

③主格〈～ガ〉… 主語を示す

例 花の咲く庭　訳 花が咲く庭

④同格〈～デ〉… 「の」の前後が同じものごと

例 鳥の小さきもいとうつくし。　訳 鳥で小さい鳥もたいそうかわいらしい。→小さい鳥もたいそうかわいらしい。

＊ 体言 ＋の＋ 連体形(体言) …「の」の下にある連体形の後に、「の」の上の体言が補える形　例 鳥＋の＋小さき(鳥)もいとうつくし。

⑤連用格（比喩）〈～ノヨウニ〉

例 例の鳴く　訳 いつものように鳴く

＊ほとんどが和歌中。ふつうの文では「例の（いつものように）」に注意。

＊格助詞「が」は格助詞「の」と同じ用法だが、⑤だけはない。

チェック問題

解答は左ページ

1 格助詞を十個すべて答えよ。

2 格助詞「の」の訳し方は、「の」や「のもの」以外にどんなものがあるか、三つ答えよ。

3 格助詞「の」の用法のうち、連用格（比喩）と呼ばれるものは、どんなときにあらわれるか、二つ答えよ。

4 格助詞「より」が即時の意味になるのはどんなときか答えよ。

▼「より」

①**起点**〈～カラ〉

例京より東《あづま》まで　訳京都から関東まで

②**経由**〈～ヲ通ッテ〉

例月の光、木の間よりもれ来たり。

訳月光が、木の間を通ってもれてきた。

③**手段・方法**〈～デ〉

例徒歩《かち》より行く。　訳徒歩で行く。

＊「徒歩より」の形を覚えておくこと。

④**即時**〈～スルトスグニ〉

例旅に出づるより雨降りぬ。　訳旅に出るとすぐに雨が降った。

＊「連体形＋より」で使う。

▼「にて」

①**場所・時**〈～デ〉　例山上にて休らふ。　訳山の上で休む。

②**手段・方法**〈～デ〉　例筆にて書く。　訳筆で書く。

③**原因・理由**〈～デ・～ニヨッテ〉　例雨にて出でず。　訳雨で外出しない。

④**資格・状態**〈～トシテ〉　例国の守にて下る。　訳国守として地方に下る。

▼「して」

①**手段・方法**〈～デ〉　例小刀して切る。　訳小刀で切る。

②**使役**〈～ニ命ジテ〉　例男《をのこ》して行かしむ。　訳召し使いの男に命じて行かせる。

③**共同**〈～トトモニ〉　例友して行く。　訳友とともに行く。

5 次の傍線部の格助詞を現代語訳せよ。

(1) 徒歩より行く。

(2) 旅に出《い》づるより雨降りぬ。

(3) 筆にて書く。

(4) 友して行く。

(1)

(2)

(3)

(4)

チェック問題（54～55ページ）**解答**

1 が／の／を／に／へ／と／より／から／にて／して（順不同）☆格助詞・副助詞・係助詞の三つは、どんな助詞があるかを覚えておいたほうがよい。　**2** が／で／のように（順不同）　**3** 和歌中／「例の」の「の」（順不同）　**4** 活用語の連体形に付いたとき。　**5** (1)で　(2)とすぐに・やいなや　(3)で　(4)とともに・と一緒に

19 接続助詞

学習日　月／日

接続助詞は全部で十六個あるが、ここでは主要なものを紹介しておく。

▼「ば」

①**未然形＋ば**　：　順接仮定条件

〈モシ～ナラバ〉　例 雨降らば、我行かじ。

②**已然形＋ば**　：　順接確定条件

原因・理由〈～ノデ・～カラ〉　例 雨降れば、我行かず。

偶然条件〈～トコロ・～ト〉　例 野を行けば、雨降る。

恒常条件〈～トキハイツモ〉　例 春来れば、花咲く。

▼「とも」・「ども」

①**終止形＋とも**　：　逆接仮定条件〈タトエ～トシテモ〉

例 呼ぶとも、答へじ。

②**已然形＋ども**　：　逆接確定条件〈～ケレドモ〉

例 呼べども、答へず。

＊順接と逆接

順接…予想どおりの展開

例 雨降れば　→　我行かず

チェック問題

解答は左ページ

1 次の空欄に適した語を入れよ。

「未然形＋ば」は順接［　　］条件である。

2 次の空欄に適した語を入れよ。

「已然形＋ば」は順接［　　］条件である。

3 次の空欄に適した語を入れよ。

順接仮定条件は、［　　］と訳す。

4 次の空欄に適した語を入れよ。

順接確定条件は、［　　］・［　　］・「～ときはいつも」などと訳す。

逆接…予想とは逆の展開
例 呼べども ↓ 答へず

＊仮定と確定
仮定…まだそうなっていないことを前提
例 呼ぶとも ↓ まだ呼んでいない
確定…もうそうなっていることを前提
例 呼べども ↓ もう呼んでいる

▼「て」・「で」

①連用形＋て … 単純接続〈～テ〉
例 雨降りて、風吹く。

②未然形＋で … 打消接続〈～ナイデ〉
例 雨降らで、風も吹かず。

▼「ものの」・「ものを」・「ものから」・「ものゆゑ」

連体形 ＋ ｛ものの／ものを／ものから／ものゆゑ｝ …逆接〈～ノニ・～ケレド〉

例 うれしきものの、涙もえとどめず。

＊「ものを・ものから・ものゆゑ」はほとんどが逆接だが、順接〈～ノデ〉で使われることもある。鎌倉時代以降の文章に時々ある。

5 接続助詞「とも」の訳し方を答えよ。

6 接続助詞「で」の訳し方を答えよ。

7 接続助詞「ものの」「ものを」「ものから」「ものゆゑ」の訳し方を答えよ。

チェック問題（56～57ページ）解答

1 仮定 **2** 確定 **3** もし～ならば **4** ～ので・～から／～ところ・～と（順不同） **5** たとえ～としても **6** ～ないで **7** ～のに・～けれど

6 練習問題（格助詞・接続助詞）

解答は別冊40ページ

学習日　月　日

1 次の傍線部「の」の用法として適当なものを、ア～オから選べ。

① 山の端《は》に日のかかるほど、住吉の浦を過ぐ。

② 初心の人、二つの矢を持つことなかれ。

③ この国の博士どもが書けるものも、古《いにしへ》のは、あはれなること多かり。

④ 葵《あふひ》の小さきもいとうつくし。

ア 連体格　**イ** 準体格　**ウ** 主格

エ 同格　**オ** 連用格

①	②	③	④

2 次の傍線部を、格助詞「の」の用法に注意して現代語訳せよ。

① 草の花はなでしこ。唐《から》のはさらなり。大和のもいとめでたし。

② 夜ひと夜、庵《いほり》の上に、柿の落ちかかりたるを人々拾ひなどす。

③ 中将、例のうなづく。

④ 夏の野の茂みに咲ける姫百合の知らえぬ恋は苦しきものぞ

＊「知らえぬ」…「知られぬ」と同じ。「え」は奈良時代の受身の助動詞。

①	②	③	④

3 次の傍線部を、格助詞「より」の用法に注意して現代語訳せよ。

① ただ一人、かちより詣《まう》でけり。

② 草の葉を落つるより飛ぶ蛍かな

①	②

4 次の傍線部の格助詞「にて」の用法を、ア〜エから選べ。

① 和泉式部《いづみしきぶ》、保昌《やすまさ》が妻《め》にて丹後へ下りけるほどに…。
② 物《もの》の怪《け》にて時々悩ませ給ふ。
③ 田子の浦は波高くて、舟にて漕《こ》ぎめぐる。

ア 場所・時　イ 手段・方法
ウ 原因・理由　エ 資格・状態

①	②	③

5 次の傍線部を、「ば」の用法に注意して現代語訳せよ。

① 悪人のまねとて、人を殺さば、悪人なり。
② それを見れば、三寸ばかりなる人、いとうつくしうて居たり。
③ このわたり海賊の恐りありといへば、神仏を祈る。

①	②	③

6 次の傍線部「とも」と「ども」の用法を、ア〜エから選べ。

① 用ありて行きたりとも、そのこと果てなば、とく帰るべし。
② 文を書きてやれども、返りごともせず。

ア 順接仮定条件　イ 順接確定条件
ウ 逆接仮定条件　エ 逆接確定条件

①	②

7 次の傍線部を現代語訳せよ。

① 山桃の日かげと知らで通りけり
② 都出でて君に逢《あ》はむと来しものを来しかひもなく別れぬるかな

①	②

20 係助詞

学習日　月／日

係助詞には「は・も・ぞ・なむ・や・か・こそ」の七つがある。ここでは主要な係助詞を紹介しておく。

○係り結びの法則

意味	係助詞	結び
強調	こそ	已然形
強調	ぞ・なむ	連体形
疑問・反語	や・か	連体形

○注意すべき用法

①逆接〈〜ノニ・〜ケレド〉

「こそ――已然形」で文が終わらず、さらに文が続くときは逆接。

例 梅**こそ咲け**、鶯《うぐひす》は鳴かず。

訳 梅は咲いているけれど、鶯は鳴かない。

②危惧〈〜シテハ大変ダ・〜シテハ困ル〉

「もぞ・もこそ」の形。

例 花もぞ散る。　花もこそ散れ。

訳 花が散っては大変だ。

チェック問題

解答は左ページ

1 係助詞を七つすべて答えよ。

2 係り結びの法則について、次の空欄に適する語を入れよ。

結び　ぞ・なむ・や・か → (1)

　　　こそ → (2)

意味　ぞ・なむ・こそ → (3)

　　　や・か → (4)

(1)　(2)　(3)　(4)

3 「こそ――已然形、……」はどのように訳せばよいか、答えよ。

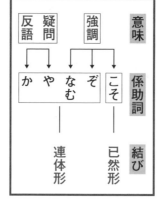

○結びの消滅（流れ）

結びとなるはずの語の下に接続助詞などが付いて、結び（◦）がなくなってしまうことがある。

例 雨こそ降れ。→「降れ」で結んでいる。

雨こそ降り⊠て、やむべくもあらず。

→「降り」で結びが消滅している。

○結びの省略

言わなくてもわかりきっているときに、結びを言わないことがある。

例 難波《なには》にては「葦《あし》」といひ、伊勢《いせ》にては「浜荻《はまをぎ》」とこそ。

訳（同じ植物を）難波では「葦」といい、伊勢では「浜荻」という。

→「言へ」が省略されている。

＊次の形は頻出。覚えておくこと。

「にや。」「にか。」	「あらむ」などの省略
「にぞ。」「になむ。」	「ある」などの省略
「にこそ。」	「あらめ」「あれ」などの省略
「とぞ。」「となむ。」「とや。」「とか。」	「言ふ」などの省略
「とこそ。」	「言へ」などの省略

4「もぞ・もこそ」の係助詞はどのように訳せばよいか答えよ。

5「にや・にか」の結びを補え。

6「にこそ」の結びを補え。

チェック問題（60～61ページ）解答

1 は／も／ぞ／なむ／や／か／こそ（順不同） **2** (1)連体形 (2)已然形 (3)強調 (4)疑問・反語 **3** ～のに・～けれど **4** ～しては大変だ（～しては困る） **5** あらむ **6** あらめ

学習日 月／日

21 副助詞

▼「だに」

＊体言・連体形・助詞に接続。

①**類推**〈〜サエ〉… 程度の軽いものをあげて、もっと重いことがらを推測させる。

例 蛍ばかりの光だに見ず。

訳 蛍ほどの（ほのかな）光さえも見ない。（まして、もっと明るい光は見ない。）

＊類推の副助詞「すら」も同じ使い方をするので覚えておこう。

②**限定**〈セメテ〜ダケデモ〉… 下に命令・願望・意志・仮定の表現を伴う。

例 光だに見よ。

訳 せめて光だけでも見なさい。

▼「さへ」

＊体言・連体形・助詞に接続。

添加〈〜マデモ〉

例 蛍ばかりの光さへ見ず。

訳 （真っ暗で普通の光も見ない、そのうえ）蛍ほどの光までも見ない。

チェック問題

解答は左ページ

1 次の傍線部の意味をア〜ウから選んで答えよ。

(1)「御声をだにしたまへ。」

(2) さらにいらへをだにせず。

(3) 命さへ惜しくなむなる。

ア 類推　イ 限定　ウ 添加

(1) ［　　］ (2) ［　　］ (3) ［　　］

▼「し」「しも」

強調 … 特に訳さなくてよい。

例 光をし見る。
　光をしも見る。

＊「し」も「しも」も訳出しないので、現代語訳はどちらも同じ。

訳 光を見る。

▼その他の副助詞

「ばかり」　程度〈～ホド〉／**限定**〈～ダケ〉

「のみ」　限定〈～ダケ〉／**強調**〈タダモウ～スル〉

「など」　例示〈～ナド〉／**引用**〈～ナドト〉

2 次の傍線部の「し」が副助詞であれば○、そうでなければ×をつけよ。

(1) いとうれし。
(2) 旅をしぞ思ふ。
(3) 人なん申し侍《はべ》りし。
(4) 遊びなどし侍り。

(1)　(2)　(3)　(4)

3 次の傍線部の意味をア～ウから選んで答えよ。

(1) ただ波の白きのみぞ見ゆる。
(2) 一時ばかりなり。
(3)「見よ」など、言ふ。

ア 程度　イ 強調　ウ 引用

(1)　(2)　(3)

チェック問題（62～63ページ）解答

1 (1) イ　(2) ア　(3) ウ
2 (1) ×　(2) ○　(3) ×　(4) ×
3 (1) イ　(2) ア　(3) ウ

22 終助詞

学習日　月／日

▼願望の終助詞

①「ばや」 自己の願望 〈～タイ〉

＊未然形に接続。

例 声を聞かばや。

訳 声を聞きたい。

②「てしが」・「てしがな」・「にしが」・「にしがな」 自己の願望 〈～タイモノダナア〉

＊連用形に接続。

例 声を聞きてしがな。

訳 声を聞きたいものだなあ。

③「なむ」 他者への願望 〈～テホシイ〉…識別で問われることが多い（88ページ参照）

＊未然形に接続。

例 声を聞かなむ。

訳 声を聞かせてほしい。

④「もがな」・「もが」 願望 〈～ガアレバナア・～デアレバナア〉

＊体言・形容詞の連用形に接続。

例 小松もがな。

訳 小松があればなあ。

チェック問題

解答は左ページ

1 次の終助詞の現代語訳を答えよ。

(1) ばや
(2) もがな
(3) てしがな
(4) なむ

(1)	(2)	(3)	(4)

▼禁止の終助詞

①「な」〈〜（スル）ナ〉

＊終止形（ラ変型は連体形）に接続。

例 言ふな。

訳 言うな。

②［な］＋［動詞の連用形］＋「そ」〈〜テクレルナ〉

例 な言ひそ。

訳 言ってくれるな。

＊［な］は副詞。①の終助詞「な」よりも柔らかい禁止になる。

＊動詞がカ変・サ変の場合は［な］＋［動詞の未然形］＋「そ」になる。

▼「かし」

念押し（強意）〈〜ヨ・〜ネ〉

＊文末に接続。

＊「ぞかし」の形で使われることが多い。

例 住吉の明神は例の神ぞかし。

訳 住吉の明神は例の神様であるよ。

▼「かな・かも」

詠嘆〈〜ナア・〜コトヨ〉

＊体言・連体形に接続。

例 限りなく遠くも来にけるかな。

訳 限りなく遠くへ来てしまったなあ。

2 次の傍線部を現代語訳せよ。

(1)「かくな急ぎそ。」

(2)「かく急ぐな。」

(1)

(2)

3 次の傍線部の意味を答えよ。

(1) 聞く人のあるぞかし。

(2) 聞く人もあるかな。

(1)

(2)

チェック問題（64〜65ページ）解答

1 (1)〜たい (2)〜があればなあ・であればなあ (3)〜たいものだなあ (4)〜てほしい **2** (1)急いでくれるな (2)急ぐな **3** (1)念押し（強意） (2)詠嘆

7 練習問題（係助詞・副助詞・終助詞）

解答は別冊46ページ

学習日　月／日

1 **次の（　）の中の語を正しく活用させよ。**

① いづれの山か天に（近し）。

② 五月待つ花橘《はなたちばな》の香《か》をかげば昔の人の袖の香ぞ（す）

③ よろづのことは、月見るにこそ、なぐさむもの（なり）。

④ 竜の頸《くび》の玉をえ取らざりしかばなむ殿へもえ参らざり（き）。

①	②
③	④

2 **次の傍線部「こそ」の結びについて説明せよ。**

たとひ耳鼻こそ切れ失すとも、命ばかりはなどか生きざらん。

3 **次の各文は、傍線部の係助詞の結びが省略されている。補うべき結びの語として適切なものを、ア～エから選べ（同じものを二度選ばないこと）。**

① 未練の狐《きつね》、化け損じけるにこそ。

② くちばみにさされたる人、かの草をもみて付けぬれば、すなはち癒《い》ゆとなむ。　＊「くちばみ」…蝮（まむし：毒をもったヘビの一種）

③ あやし。ひが耳にや。

④ 京には見えぬ鳥なれば、皆人見知らず。渡守《わたしもり》に問ひければ、「これなむ都鳥」といふ…。

ア　言ふ　**イ**　あらむ　**ウ**　あらめ　**エ**　なる

①	②	③	④

4 次の傍線部を、係助詞の用法に注意して現代語訳せよ。

① 花はさかりに、月はくまなきをのみ見るものかは。
② 門よく鎖《さ》してよ。雨もぞ降る。
③ 中垣こそあれ、一つ家のやうなれば、望みて預かれるなり。

＊「中垣」…隣家とのへだての垣根。

①	②	③

5 次の傍線部を、副助詞に注意して現代語訳せよ。

① 昇らむをだに見送り給へ。
② 深《み》山には松の雪だに消えなくに都は野辺の若菜摘みけり
③ 世になく清らなる玉の男御子《をのこみこ》さへ生まれ給ひぬ。

＊「男御子」…「皇子」と訳す。

④ 人の亡きあとばかり悲しきはなし。

①	②	③	④

6 次の空欄に適切な願望の終助詞を、ア～ウから選んで答えよ。

① 行くすゑに、この御堂の草木となり□。
② 年のつもりたらん人□。
③ 「思ひわづらひ侍《はべ》るに、此《こ》のよしを申さ□。」

ア　ばや　　イ　てしがな　　ウ　もがな

①	②	③

7 次の各文の傍線部を、終助詞に注意して現代語訳せよ。

① いかで鳥の声もせざらむ山にこもりにしがな。
② いつしか梅咲かなむ。
③ あやまちすな。心しておりよ。

①	②	③

○敬語の種類と用法

①**尊敬語**　動作を行う人を敬う。

例 大臣、のたまふ。　訳 大臣がおっしゃる。

②**謙譲語**　動作を受ける人を敬う。

例 大臣に蔵人《くらうど》申す。　訳 大臣に蔵人が申し上げる。

③**丁寧語**　聞き手や読み手を敬う。

例「宝侍《はべ》り」とて翁《おきな》、供に言ふ。

訳「宝がございます」と、翁が供の者に言う。

○本動詞と補助動詞

敬語には**本動詞**と**補助動詞**がある。

例

A　花奉《たてまつ》る。

B　見奉る。

Aは「奉る（＝差し上げる）」という動詞本来の役割をあらわす**本動詞**である。Bは、「奉る」の上に「見る」という動詞がすでにあるので動詞本来の役割を失い、「奉る」が「見る」に謙譲の意味を添える役割の**補助動詞**となっている。

学習日　月　日

チェック問題

解答は左ページ

1 次の敬語の種類を、現代語訳を参考に答えよ。

(1) おぼしめす　訳 お思いになる
(2) 仰す　訳 おっしゃる
(3) 聞こゆ　訳 申し上げる
(4) まうづ　訳 参上する
(5) おはす　訳 いらっしゃる
(6) たまはる　訳 いただく

(1)	(2)	(3)	(4)	(5)	(6)

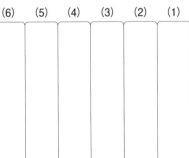

▼本動詞

敬語として用いるときに、別のことばになるのが本動詞。
のたまふ＝「言ふ」の尊敬語。
参る＝「行く」の謙譲語。
侍り＝「をり」の丁寧語。
＊敬語にする動詞の数だけ、一つ一つ覚える必要がある。
（詳しくは74ページの「主要敬語一覧」を参照）

▼補助動詞

主に用言＋敬語の補助動詞の形で使う。他にも助動詞＋敬語の補助動詞などがある。主なものを覚えておこう。

①尊敬の補助動詞
用言＋給ふ・おはす・おはします〈オ～ニナル・～ナサル〉

②謙譲の補助動詞
用言＋奉る・聞こゆ・申す・参らす〈（オ）～申シ上ゲル〉
＊平安時代は「～奉る」「～聞こゆ」、鎌倉時代は「～参らす」がよく使われた。

③丁寧の補助動詞
用言＋侍り・候ふ〈～デス・～マス・～デゴザイマス〉
＊「候ふ」は、ひらがなで書くと平安時代は「さぶらふ」、鎌倉時代は「さうらふ」となり、それぞれ「サブラウ」、「ソウロウ」と発音する。

2 次の傍線部の敬語が本動詞であればA、補助動詞であればBと答えよ。

(1) 宮、笑はせたまふ。
(2) かぐや姫、いといたく泣きたまふ。
(3) 姫君、うつくしうおはします。
(4) 右大将おはして、物語したまふ。
(5) 人々ささげ物奉りけり。
(6) 問ひきこゆれど、
(7) ほどなく失《う》せにけりと聞き侍りし。
(8) 全くさる事候はず。

(1)	(2)	(3)	(4)	(5)	(6)	(7)	(8)

チェック問題（68～69ページ）解答

1 (1)尊敬語 (2)尊敬語 (3)謙譲語 (4)謙譲語 (5)尊敬語 (6)謙譲語
2 (1)B (2)B (3)B (4)A (5)A (6)B (7)B (8)A

24 敬語② 二種類以上の意味をもつ敬語

学習日　　月　　日

○「侍《はべ》り」「候ふ」が本動詞の場合

謙譲語〈オ仕エ申シ上ゲル・（おそばに）オ控エ申シ上ゲル〉

＊主語に着目→主語が人物であることが多い。

＊周囲に着目→「お仕えする」対象の貴人が存在している。

丁寧語〈アリマス・ゴザイマス・イマス〉

＊主語に着目→主語が人物以外であることが多い。

＊補助動詞の場合は丁寧語（〜デス・〜マス・〜ゴザイマス）。

○「奉る」が本動詞の場合

尊敬語〈召シ上ガル・オ召シニナル・オ乗リニナル〉

謙譲語〈差シ上ゲル〉

＊補助動詞の場合は謙譲語（〜申シ上ゲル・オ〜スル）。

○「参る」

尊敬語〈召シ上ガル〉

謙譲語〈参上スル・差シ上ゲル〉

チェック問題

解答は左ページ

1「参る」の現代語訳について、(1)謙譲語を二つ、(2)尊敬語を一つ答えよ。

(1)

(2)

2「たまふ」の活用表を完成させよ。

(1)尊敬の「たまふ」

基本形	語幹	未然形	連用形	終止形	連体形	已然形	命令形
たまふ	たま						

(2)謙譲の「たまふ」

基本形	語幹	未然形	連用形	終止形	連体形	已然形	命令形
たまふ	たま						

3次の傍線部の敬語の種類を答えよ。

(1)夜の明けはてぬさきに御舟に奉れ。

(2)「かれ見たてまつらせ給へ。」

(1)

(2)

○「給ふ」

「給ふ」は活用の仕方で意味が変わる。四段活用の場合は尊敬、下二段活用の場合は謙譲になる。

●四段活用の「給ふ」

基本形	語幹	未然形	連用形	終止形	連体形	已然形	命令形
たまふ	たま	は	ひ	ふ	ふ	へ	へ

尊敬語→本動詞〈オ与エニナル・クダサル〉
　　→補助動詞〈～ナサル・オ～ニナル〉

●下二段活用の「給ふ」

基本形	語幹	未然形	連用形	終止形	連体形	已然形	命令形
たまふ	たま	へ	へ	(ふ)	ふる	ふれ	○

謙譲語→補助動詞〈～サセテイタダク・～マス〉

＊会話文・手紙文中で使用される。

＊話し手（書き手）の「見る」「聞く」「思ふ」「知る」に付く。

＊「給ふる」「給ふれ」の形は、謙譲語である。

4 次の傍線部の現代語訳として正しいものを、ア～ウから選べ。

(1) 己《おのれ》がしはべることなり。

(2) 人の煩《わづら》ふことの侍りし。

(3) 女官はいままでさぶらはじ。

ア お仕え申し上げる　イ あります・います

ウ ～です・～ます

(1)　(2)　(3)

5 次の傍線部の補助動詞の活用の種類と、敬語の種類を答えよ。

(1) 簾《すだれ》のつま引きあげて、ゐたまふ。

(2)「この見たまふる渡りの人」

	活用の種類	敬語の種類
(1)		
(2)		

チェック問題(70～71ページ)解答

1 (1)参上する／差し上げる（順不同） (2)召し上がる 2 (1)は／ひ／ふ／ふ／へ／へ (2)へ／へ／(ふ)／ふる／ふれ／○ 3 (1)尊敬語 (2)謙譲語 4 (1)ウ (2)イ (3)ア 5 (1)(ハ行) 四段活用／尊敬語 (2)(ハ行) 下二段活用／謙譲語

25 敬語 ③敬意の方向

学習日　　月　　日

○敬意の方向…誰から誰への敬意を示しているか

〈誰から〉

会話文＝話し手
地の文＝作者

↓

〈誰へ〉

動作を行う人　→　尊敬語
動作を受ける人　→　謙譲語
聞き手・読み手　→　丁寧語

①尊敬語

例　親たちかしづきたまふことかぎりなし。

訳　親たちが大切に育てていなさることといったらこの上ない。

（地の文）作者　→　（動作を行う人）親たち　への敬意

②謙譲語

例　源大納言の君の御もとに、としこはつねにまゐりけり。

訳　源大納言の君の御もとに、としこはいつも参上した。

（地の文）作者　→　（動作を受ける人）源大納言の君　への敬意

チェック問題

解答は左ページ

1 次の傍線部の敬語の種類と敬意の対象（誰への敬意か）を答えよ。

(1) 親王、大殿ごもらで、明かしたまひてけり。

(2) 宮に聞こゆ。

	敬語の種類	敬意の対象
(1)		
(2)		

2 次の傍線部の敬語の種類と敬意の方向を答えよ。

(1) かぐや姫いといたく泣きたまふ。

(2) 誰ならむと思ふほどに、故宮《こみや》に候ひし小舎人童《こどねりわらは》なりけり。

(3) （道長が伊周《これちか》に）「碁盤《ごばん》侍りや。」

	敬語の種類	敬意の方向
(1)		から　へ
(2)		から　へ
(3)		から　へ

③丁寧語

例「君はあの松原へ入らせ給へ。兼平はこの敵防ぎ候はん。」

訳「ご主君はあの松原へお入りなさい。私、兼平はこの敵を防ぎましょう。」（と、兼平が君に言った。）

（会話文）話し手＝兼平 → （聞き手）君 への敬意

○絶対敬語…敬意の対象が決まっている敬語

奏《そう》す＝帝・院に申し上げる（敬意の対象は、必ず帝・院）

啓《けい》す＝中宮・皇太子に申し上げる（敬意の対象は、必ず中宮・皇太子）

○二重尊敬（最高敬語）

尊敬の語が、二つ重ねて使用される。

帝や中宮などの最高位や、それに準ずる高貴な人（院、女院、東宮、大臣など）の動作に用いられる。

例夜の御殿に入らせたまひても、まどろませたまふことかたし。

訳ご寝所にお入りになっても、うとうとお眠りになることがむずかしい。

＊二重尊敬の代表的な形は「**せ　たまふ**」「**させ　たまふ**」（「**しめ　たまふ**」）である。

＊**会話文・手紙文**の中では、最高位の人でなくても二重尊敬（最高敬語）を用いることがあるので注意。

3 次の傍線部の敬語の訳を、敬意の対象を明らかにして答えよ。

(1)「便なきことをも奏してけるかな。」

(2)啓すべきかたもなければ、

(1)

(2)

4 次の傍線部の敬語は誰に敬意を示しているか答えよ。

母上は、君をこそ、兄君よりいみじう恋ひ(1)きこえ(2)たまふめれ。

(1)きこえ

(2)たまふ

チェック問題（72～73ページ）解答

1 (1)尊敬語／親王　(2)謙譲語／宮　**2** (1)尊敬語／作者（から）かぐや姫（へ）(2)謙譲語／作者（から）故宮（へ）(3)丁寧語／道長（から）伊周（へ）　**3** (1)帝（もしくは院）に申し上げ　(2)中宮（もしくは皇太子）に申し上げる　**4** (1)君　(2)母上

❖主要敬語一覧

古文解釈に重要な役割を持つ敬語をまとめています。繰り返し確認して覚えましょう。

尊敬語

本動詞

尊敬語	現代語訳	普通の語
おはす おはします	いらっしゃる	あり 行く・来
のたまはす のたまふ 仰《おほ》す	おっしゃる	言ふ
御覧ず	御覧になる	見る
聞こし召す	お聞きになる 召し上がる お治めになる	聞く 食ふ・飲む 治む
奉《たてまつ》る	召し上がる お召しになる お乗りになる	食ふ・飲む 着る 乗る
参る	召し上がる	食ふ・飲む
思《おぼ》す 思《おぼ》し召す	お思いになる	思ふ
給《たま》ふ（賜《たま》ふ） 賜《たま》はす 賜《た》ぶ	お与えになる くださる	与ふ・授く
大殿《おほとの》ごもる	おやすみになる	寝《ぬ》・寝《い》ぬ
召す	お呼びになる 御覧になる お治めになる お乗りになる 召し上がる お召しになる	呼ぶ 見る 治む 乗る 食ふ・飲む 着る

種類	区分	謙譲語・丁寧語	現代語訳	普通の語
尊敬語	補助動詞	給《たま》ふ〔四段〕 おはす おはします	お～になる・なさる・～ていらっしゃる	
謙譲語	本動詞	侍《はべ》り 候《さぶら》《さうら》ふ	お仕えする 伺候《しこう》する おそばに控える	あり・をり 仕ふ
謙譲語	本動詞	参る・まうづ	参上する	行く・来
謙譲語	本動詞	まかる・まかづ	退出する	
謙譲語	本動詞	申す・聞こゆ・聞こえさす 奏す 啓す	申し上げる （帝・院に）申し上げる （中宮・皇太子に）申し上げる	言ふ
謙譲語	本動詞	承る	お聞きする いただく	聞く 受く
謙譲語	本動詞	参る・参らす・奉る	差し上げる	与ふ
謙譲語	本動詞	賜《たまは》る	いただく	受く
謙譲語	本動詞	仕《つか》うまつる・仕《つかまつ》る	お仕え申し上げる お～する	仕ふ す
謙譲語	本動詞	存ず	存じる	思ふ・知る
謙譲語	補助動詞	奉る 聞こゆ 申す 参らす	（お）～申し上げる・～て差し上げる・お～する	
謙譲語	補助動詞	給《たま》ふ〔下二段〕	～せ（させ）ていただく・～ております	
丁寧語	本動詞	侍り・候ふ	あります・おります	あり・をり
丁寧語	補助動詞	侍《はべ》り 候《さぶら》《さうら》ふ	～ございます・～です・～ます	

解答は別冊54ページ

学習日　月／日

1 次の傍線部の敬語が本動詞であれば1、補助動詞であれば2と答え（A）、あわせて敬語の種類も答えよ（B）。

① さまたげ参らすべきことならず。

② これを聞きて、かぐや姫、すこしあはれとおぼしけり。

③ 御琴ども教へきこえたまふ。

④ みそかに人のとりて見せはべりし。

⑤ わらひののしるを、うへにも聞こし召して、わたりおはしましたり。　＊「うへにも」…「帝におかれても」と訳す。

	A	B
①		
②		
③		
④		
⑤		

2 次の傍線部の敬語の種類を答え（A）、現代語訳として正しいものをア～エから選べ（B）。

① 「いまさらに、な大殿ごもりおはしましそ」

② 紙たてまつり給へば、はぢらひて書きたまふ。

③ 御門《みかど》の召してのたまはんこと、かしこしとも思はず。

④ このむすめのありさま、問はず語りに聞こゆ。

〈現代語訳〉

ア　おやすみになる　　イ　おっしゃる

ウ　申し上げる　　エ　差し上げる

	A	B
①		
②		
③		
④		

3 次の傍線部の敬語が本動詞ならば1、補助動詞ならば2と答え（A）、あわせて敬語の種類も答えよ（B）。

① さりとも、見つくる折も侍《はべ》らむ。

② いかなる所にか、この木はさぶらひけむ。

③ かの、白く咲けるをなむ、夕顔と申し侍る。

④ （親王に申し上げる）「こよひはここにさぶらはむ。」

	①	②	③	④
A				
B				

4 次の傍線部の敬語の種類を答え（A）、現代語訳として正しいものをア～オから選べ（B）。

① 「とどめたてまつりたるなり。」

② いみじく静かに、公に御文たてまつり給ふ。

③ 夜の明け果てぬ先に、御舟にたてまつれ。

〈現代語訳〉

ア 召し上がる　イ お召しになる

ウ 差し上げる　エ お乗りになる

オ ～申し上げる

	①	②	③
A			
B			

5 次の傍線部の敬語は、尊敬語か謙譲語か答えよ。

① 子となりたまふべき人なめり。

② さては、もののあはれは知りたまはじ。

③「おほやけの御後見《うしろみ》をせさせむと思ひたまへしなり。」

①	②	③

---

6 次の傍線部を、敬語に注意して現代語訳せよ。

① ほかにて酒などまゐり、酔《ゑ》ひて、夜いたくふけて、ゆくりもなくものしたまへり。

② 親王に馬頭《むまのかみ》、大御酒《みき》まゐる。

③ 神へまゐるこそ本意なれと思ひて、山までは見ず。

①	②	③

7 次の傍線部についての説明として、最も適当なものをア～エから選べ。

昔、唐土《もろこし》に、玄宗と聞こゆる帝おはしましけり。その帝、楊貴《やうき》妃《ひ》をいみじくあはれなるものに思しめして、夜も昼もかたはらになむさぶらは①せたまひける。狩などせ②させたまふ折も、かたはらより去ら③せたまはず。
（比翼連理）

ア ①と③が二重尊敬　イ ②が二重尊敬
ウ ①と②が二重尊敬　エ すべて二重尊敬

8 次の傍線部の敬語の種類（A）と、敬意の方向を答えよ（B）。

① このことを、帝聞こしめして、竹取が家に御使ひつかはせたまふ。
② 世の人、「光る君」と聞こゆ。
③ 相人「まことにその相おはします。」と（目の前の人に）申す。
*「相人」…人相を見る人。人相見。
④ 昔、二条の后《きさき》に仕うまつる男ありけり。
⑤ 翁《おきな》、皇子に申すやう、「いかなる所にか、この木は候ひけむ。」

	A		B	
①	A		B	↓
②	A		B	↓
③	A		B	↓
④	A		B	↓
⑤	A		B	↓

26 識別 ①ぬ・ね

学習日　月／日

> 「ぬ・ね」の種類
> ▼①打消の助動詞「ず」
> ▼②完了の助動詞「ぬ」
> ▼③ナ行下二段活用動詞「寝《ぬ》」
> ▼④ナ行変格活用動詞「死ぬ」「往《い》ぬ（去《い》ぬ）」の活用語尾

○「ぬ・ね」の識別のしかた

▼①②接続（直前の語の活用形）から判断する

・未然形＋ぬ・ね→打消の助動詞「ず」
・連用形＋ぬ・ね→完了の助動詞「ぬ」

▼①②直前の語の未然形と連用形が同じ形のときは「ぬ・ね」の活用形から判断する

基本形	未然形	連用形	終止形	連体形	已然形	命令形
ず	○ ざら	ず ざり	ず ○	ぬ ざる	ね ざれ	○ ざれ
ぬ	な	に	ぬ	ぬる	ぬれ	ね

・「ぬ」が連体形→打消の助動詞「ず」
＊「ぬ」の下に体言や助詞が付くことが多い。

チェック問題

解答は左ページ

1 次の空欄に当てはまる語をア～カから選べ。

「ぬ」は「読まぬ時」と未然形に付くときは (1) の助動詞「ず」の (2) 形。「読みぬ。」と連用形に付くときは (3) の助動詞「ぬ」の (4) 形。

「ね」は「読まねば」と未然形に付くときは (1) の助動詞「ず」の (5) 形。「読みね。」と連用形に付くときは (3) の助動詞「ぬ」の (6) 形。

ア 完了　イ 打消　ウ 終止
エ 連体　オ 已然　カ 命令

(1)　(2)　(3)　(4)　(5)　(6)

2 次の空欄に当てはまる語をア～オから選べ。

「十六日、風波やまねば、なほ同じ所に泊まれり。」

傍線部の「ね」は (1) 形に接続しており、打消の助動詞 (2) で、ここでの活用形は (3) 形である。

ア ず　イ ぬ　ウ 未然　エ 終止　オ 已然

(1)　(2)　(3)

＊係助詞「ぞ・なむ・や・か」の結びで文末にあることもある。

・「ぬ」が終止形→完了の助動詞「ぬ」

・「ね」が已然形→打消の助動詞「ず」

＊「ね」の下に接続助詞「ば」「ど(も)」が付くことが多い。

＊係助詞「こそ」の結びで文末にあることもある。

・「ね」が命令形→完了の助動詞「ぬ」

▼③ナ行下二段活用動詞「寝」

基本形	語幹	未然形	連用形	終止形	連体形	已然形	命令形
寝	○	ね	ね	ぬ	ぬる	ぬれ	ねよ

・未然形・連用形→「ね」

・終止形→「ぬ」

▼④ナ行変格活用動詞「死ぬ」「往ぬ（去ぬ）」の活用語尾

基本形	語幹	未然形	連用形	終止形	連体形	已然形	命令形
死ぬ	死	な	に	ぬ	ぬる	ぬれ	ね
往ぬ	往	な	に	ぬ	ぬる	ぬれ	ね

・終止形の活用語尾→「死ぬ」「往(去)ぬ」

・命令形の活用語尾→「死ね」「往(去)ね」

3 次の傍線部の助動詞が、完了であればA、打消であればBと答えよ。

(1)言はぬとき。

(2)言ひぬ。

(3)人や見ぬ。

(4)去年《こぞ》見ぬ。

(5)いみじう考へね。

(6)我こそ考へね。

(1)□ (2)□ (3)□ (4)□ (5)□ (6)□

4 次の傍線部の語の説明として正しいものをア～ウから選べ。

(1)往にぬ。

(2)往ぬ。

(3)往なぬ。

ア 完了の助動詞　イ 打消の助動詞

ウ ナ行変格活用動詞の活用語尾

(1)□ (2)□ (3)□

チェック問題(80～81ページ)解答

1 (1)イ (2)エ (3)ア (4)ウ (5)オ (6)カ **2** (1)ウ (2)ア (3)オ **3** (1)B (2)A (3)B (4)A (5)A (6)B **4** (1)ア (2)ウ (3)イ

27 識別 ②る・れ／らむ

学習日　月／日

「る・れ」の種類
▼①完了の助動詞「り」
▼②自発・可能・受身・尊敬の助動詞「る」
▼③語の一部

○「る・れ」の識別のしかた

▼①②接続から判断

e段音
サ変の未然形（se）＋る→完了の助動詞「り」の連体形
四段の已然形（e）＋れ→完了の助動詞「り」の已然形・命令形

a段音
四段の未然形（a）
ナ変の未然形（na）＋る→自発・可能・受身・尊敬の助動詞「る」の終止形
ラ変の未然形（ra）＋れ→自発・可能・受身・尊敬の助動詞「る」の未然形・連用形

▼③語の一部

例 琴の音ほのかに聞こゆるに、
→ヤ行下二段動詞「聞こゆ」の連体形の活用語尾の一部

チェック問題

解答は左ページ

1 次の空欄に当てはまる語をア～クから選べ。

e段音＋る・れ
・サ行変格活用の (1) 形→例「せ」る
・四段活用の (2) 形→例「読め」る

a段音＋る・れ
・四段活用の (3) 形→例「読ま」る
・(4) の未然形→例「死な」る
・(5) の未然形→例「あら」る

ア カ行変格活用　イ サ行変格活用　ウ ラ行変格活用
エ ナ行変格活用　オ 未然　カ 連用　キ 連体
ク 已然

(1)
(2)
(3)
(4)
(5)

2 次の各文の傍線部のうち、完了の助動詞「り」であるものを答えよ。

ア 恐ろしくていも寝られず。
イ 冬はいかなるところにも住まる。

「らむ」の種類

▼①現在推量の助動詞「らむ」
▼②完了の助動詞「り」＋推量の助動詞「む」
▼③語の一部＋推量の助動詞「む」

○「らむ」の識別のしかた

▼①②接続から判断

u段音
終止形（u）
ラ変型は連体形（ru）
＋らむ→現在推量の助動詞「らむ」の終止形・連体形

e段音
サ変の未然形（se）
四段の已然形（e）
＋らむ→完了の助動詞「り」の未然形＋推量の助動詞「む」の終止形・連体形

▼③語の一部

例 A まからむ。
B まからむとき。
→ラ行四段動詞「まかる」の未然形活用語尾「ら」＋推量の助動詞「む」。Aの「む」は終止形。Bの「む」は連体形。

ウ おほかた会へる者なし。

3 次の傍線部の語の説明として正しいものをア～ウから選べ。

(1) 思ふらむ。
(2) 思へらむ。
(3) あるらむ。
(4) あらむ。
(5) すらむ。
(6) せらむ。
(7) うつくしからむ。
(8) うつくしかるらむ。

ア 現在推量の助動詞「らむ」
イ 完了の助動詞「り」＋推量の助動詞「む」
ウ ア・イどちらでもない

(1)　(2)　(3)　(4)　(5)　(6)　(7)　(8)

チェック問題（82～83ページ）解答

1 (1)オ (2)ク (3)オ (4)エ (5)ウ (6)イ (7)ウ (8)ア
2 ウ
3 (1)ア (2)イ (3)ア (4)ウ (5)ア

学習日　月／日

「なり」の種類
▼①断定の助動詞「なり」
▼②伝聞推定の助動詞「なり」
▼③ナリ活用の形容動詞の活用語尾
▼④ラ行四段動詞「なる」

○「なり」の識別のしかた

「なり」の上の語に注目する。

▼① **体言・連体形** **＋なり** → **断定の助動詞**

＊指示副詞「かく・さ・しか」や助詞に接続する場合も断定の助動詞「なり」。

＊場所や方向をあらわす名詞に付いたときは、「存在」の意となる。

＊形容詞本活用・連体形（〜き）＋なり → 断定の助動詞

▼②−(1) **終止形（ラ変型は連体形）** **＋なり** → **伝聞推定の助動詞**

＊音を聞くと「推定」。それ以外は「伝聞」が原則。

＊形容詞補助活用・連体形（〜かる）＋なり → 伝聞推定の助動詞

チェック問題

解答は左ページ

1 次の傍線部の助動詞「なり」の意味として正しいものをア〜ウから選べ。

(1) 見ゆなり。
(2) 見ゆるなり。
(3) 見えざなり。
(4) ひとしかんなり。
(5) 吉野なる夏実の川。
(6) したり顔なり。
(7) 恋しきなり。
(8) 恋しかるなり。

ア 断定　イ 存在　ウ 伝聞推定

(1)［　］(2)［　］(3)［　］(4)［　］
(5)［　］(6)［　］(7)［　］(8)［　］

□は、
□て
ゆく人だ。

学ぶ人は、
変えてゆく人だ。

目の前にある問題はもちろん、
人生の問いや、社会の課題を自ら見つけ、
挑み続けるために、人は学ぶ。
「学び」で、少しずつ世界は変えてゆける。
いつでも、どこでも、誰でも、
学ぶことができる世の中へ。

▼②-(2) **撥音便《はつおんびん》(ん)無表記** ＋なり → **伝聞推定の助動詞**

＊「あ・か・ざ・た・な」の直後に「なり」が付くときは、間にある撥音(ん)が無表記となっているので、このときの「なり」は必ず伝聞推定の助動詞。

(49ページの復習)伝聞推定の上に、「――る」(ラ変型活用語の連体形)がくると、撥音便《はつおんびん》無表記になることが多い。

例 あるなり →あん(撥音便)なり →あ(無表記)なり

▼③ **「〜げ」「〜やか」「〜らか」** ＋なり → **形容動詞の活用語尾**

＊物事の性質や状態をあらわす語のときは形容動詞と考える。

▼④ **「〜になる」と訳すことができる**

→ **ラ行四段活用動詞「なる」の連用形**

2 次の傍線部の「なり」の説明として正しいものはアかイか。記号で答えよ。

(1) はなやかなる人。

(2) 心にくく優なり。

(3) 法師になるべし。

(4) つひに病ひになりぬ。

ア 動詞　イ 形容動詞の活用語尾

(1) □　(2) □　(3) □　(4) □

チェック問題(84〜85ページ)解答

1 (1)ウ (2)ア (3)ウ (4)ウ (5)イ (6)ア (7)ア (8)ウ **2** (1)イ (2)イ (3)ア (4)ア

29 識別 ④に

学習日　月／日

「に」の種類

▼①ナ変動詞「死ぬ」「往《い》ぬ（去《い》ぬ）」の活用語尾
▼②副詞の一部
▼③ナリ活用の形容動詞の活用語尾
▼④完了の助動詞「ぬ」
▼⑤断定の助動詞「なり」
▼⑥接続助詞「に」
▼⑦格助詞「に」

○「に」の識別のしかた

まずは、「に」の直前に何があるかを確認する。それで判断できないときは訳を考える。

▼①直前に「死」「往《い》（去《い》）」がある
→ ナ変動詞の連用形活用語尾

▼②「さらに」・「いかに」・「げに」・「つひに」などの「に」
→ 副詞の一部

▼③「～げ」・「～やか」・「～らか」＋「に」

チェック問題

解答は左ページ

1 次の傍線部の「に」の説明として正しいものをア～エから選べ。

(1)雪の降りにけり。
(2)朝日はなやかにさし出づ。
(3)げにうつくし。
(4)なつかしげに見る。
(5)やがて往にけり。
(6)入りにき。

ア　形容動詞の活用語尾　　イ　完了の助動詞
ウ　副詞の一部　　エ　ナ変動詞の活用語尾

(1)　(2)　(3)　(4)　(5)　(6)

↓　形容動詞の連用形活用語尾
＊物事の状態や性質をあらわしているときは形容動詞。

▼④ 連用形 ＋「に」＋ 助動詞「き・けり・たり・けむ」
↓　完了の助動詞「ぬ」の連用形

▼⑤ 連体形・体言 ＋「に」（＋助詞）＋「あり」
↓　断定の助動詞「なり」の連用形
＊「あり」が「侍《はべ》り・候ふ・おはす・おはします」になったり、省略されることもある。
＊「〜デアル」と訳すことができる。

▼⑥ 連体形 ＋「に」、「〜ノデ」「〜（スル）ト」「〜ノニ」と訳すことができる
↓　接続助詞
＊「に」の下に「、」があれば基本的に接続助詞と考える。

▼⑦ 連体形・体言 ＋「に」、⑤⑥の条件にあてはまらない
↓　格助詞
＊接続助詞か格助詞か迷ったときは訳してみる。「に」の上に「〜トキ・〜トコロ」などの体言を補うことができれば格助詞。

2 次の傍線部の「に」が断定の助動詞であるものをすべて選べ。

(1) 難きことにこそあるなれ。
(2) 月のあかきにぞ渡る。
(3) 后《きさき》にておはします。
(4) それにまた河もあり。

3 次の傍線部の「に」が、格助詞ならばア、接続助詞ならばイと答えよ。

(1) 河瀬に鵜《う》をつかふ。
(2) 見るに、二人の者臥《ふ》せり。
(3) 待つに、音信《おとづれ》もなし。
(4) 人に笑はる。

(1)
(2)
(3)
(4)

チェック問題（86〜87ページ）解答
1 (1)イ　(2)ア　(3)ウ　(4)ア　(5)エ　(6)イ　**2** (1)・(3)（順不同）　**3** (1)ア　(2)イ　(3)イ　(4)ア

学習日　月／日

「なむ」の種類
▼①他者に対する願望の終助詞「なむ」
▼②完了の助動詞「ぬ」＋推量の助動詞「む」
▼③強意の係助詞「なむ」
▼④ナ変動詞「死ぬ」「往《い》ぬ（去《い》ぬ）」の活用語尾＋推量の助動詞「む」

○「なむ」の識別のしかた

「なむ」の識別は、直前の語から判断するのが基本。

▼①**未然形**＋「なむ」
→ **他者に対する願望の終助詞**
＊文末のみで使われる。ただし、下に終助詞「かし」や引用の格助詞「と」が続くこともある。
例 花咲かなむ。
訳 花が咲いてほしい。

▼②**連用形**＋「なむ」
→ **完了（強意）の助動詞「ぬ」未然形**＋**推量の助動詞「む」**
＊助動詞「む」の意味は文脈によって変わる。
例 花咲きなむ。

チェック問題

解答は左ページ

1 次の傍線部の「なむ」の説明として正しいものをア～エから選べ。

(1) 鬼なむ往ぬる。
(2) 鬼往ななむ。
(3) 鬼往なむ。
(4) 鬼往になむ。

ア 他者に対する願望の終助詞
イ 完了の助動詞「ぬ」＋推量の助動詞「む」
ウ 係助詞
エ ナ変動詞「往ぬ」の活用語尾＋推量の助動詞「む」

(1) ［　］ (2) ［　］ (3) ［　］ (4) ［　］

訳 花がきっと咲くだろう。

▼③ **連体形・体言・助詞・副詞**＋「なむ」
→ **強意の係助詞（訳出しない）**
例 花なむ咲く。
訳 花が咲く。

▼④ **「死なむ」「往なむ（去なむ）」**
→ **ナ変動詞の未然形活用語尾「な」**＋**推量の助動詞「む」**

▼**形容詞、形容動詞、打消の助動詞「ず」及び形容詞型の活用をする助動詞が「なむ」の上にあるとき**

本活用（～く ～に ～ず）＋「なむ」→ 係助詞の「なむ」

補助活用（～かり ～なり ～ざり）＋「なむ」→ 完了の助動詞「ぬ」の未然形＋推量の助動詞「む」

＊形容詞型の活用をする助動詞→「べし」「まじ」「まほし」「たし」。

2 次の傍線部の「なむ」の説明として正しいものをア～ウから選べ。

(1) めでたかりなむ。
(2) めでたくなむ。
(3) 言はずなむ。
(4) 言はざりなむ。
(5) 言はざらなむ。

ア 他者に対する願望の終助詞
イ 完了の助動詞「ぬ」＋推量の助動詞「む」
ウ 係助詞

(1) ☐
(2) ☐
(3) ☐
(4) ☐
(5) ☐

チェック問題（88～89ページ）解答
1 (1)ウ (2)ア (3)エ (4)イ **2** (1)イ (2)ウ (3)ウ (4)イ (5)ア

9 練習問題（識別）

解答は別冊62ページ

学習日　月　日

1 次の傍線部の助動詞の意味を答えよ。

① 翁《おきな》、竹を取ること、久しくなりぬ。

② 驚くほどの地震《なゐ》、二三十度ふらぬ日はなし。

③ 日数の早く過ぎぬる程ぞ、ものにも似ぬ。

④ 一人一人にあひたてまつり給ひぬ。

⑤ さらにこそ信ぜられね。

①	②	③	④	⑤

2 次の傍線部の説明として正しいものをア～ウから選べ。

① 今し、羽根といふ所に来ぬ。

② うち解けぬ遊びぐさ。

③ 或《ある》は焔《ほのほ》にまぐれてたちまちに死ぬ。

ア　完了の助動詞　　イ　打消の助動詞　　ウ　動詞の活用語尾

①	②	③

3 次の傍線部の語の意味（A）と活用形（B）を答えよ。

① みづからは、ましてものだにいはれず。
② いま一声呼ばれていらへむ。
③ 人にいとはれず、よろづ許されけり。
④ かの大納言、いづれの舟にか乗らるべき。
⑤ いづれかあはれはまされる。

	A	B
①		
②		
③		
④		
⑤		

4 次の傍線部の語の説明として正しいものをア～ウから選べ。

① 恋しからむをりをり、取り出でて見たまへ。
② 君をおきて いづち行くらむ。
③ いかやうなる心ざしあらむ人にかあはむと思す。
④ 生けらんほどは武にほこるべからず。
⑤ かく思ひ沈むさまを、心細しと思ふらむ。

ア 現在推量の助動詞「らむ」
イ 完了の助動詞「り」と推量の助動詞「む」
ウ 単語の一部と助動詞「む」

①	
②	
③	
④	
⑤	

5 次の傍線部を、例にならって文法的に説明せよ。

例 船路なれど、馬のはなむけす。　断定の助動詞「なり」の已然形

① 心ばへは知らず、かたちは清げなり。
② この吹く風はよき方の風なり。
③ 火桶《ひをけ》の火も白き灰がちになりてわろし。
④ 笛をいとをかしく吹きすまして過ぎぬなり。
⑤ 御前なる獅子《しし》・狛犬《こまいぬ》。
⑥ 世の中に物語といふもののあんなるを、いかで見ばや。

①	②	③	④	⑤	⑥

6 次の傍線部の「に」は完了の助動詞か断定の助動詞か、答えよ。

① 返しもえせずなりにき。
② 珍かなることに候ふ。

①	②

7 次の傍線部の「に」は格助詞か接続助詞か、答えよ。

① 昔、男、片田舎に住みけり。
② 琴の音ほのかに聞こゆるに、いみじううれしくなりてめぐる。

①	②

8 次の傍線部の「に」を、例にならって文法的に説明せよ。

例 鳥、岩の上に集まりをり。　　格助詞の「に」

① おのが身は、この国の人にもあらず。
② 舟こぞりて泣きにけり。
③ はなやかにうれしげなるこそ、またあはれなれ。
④ 日暮れかかるに、なほ宿るべきところ遠し。
⑤ 病にて死にけり。
⑥ げにただ人にはあらざりけり。

①	②	③	④	⑤	⑥

9 次の傍線部の語を文法的に説明せよ。

① もと光る竹なむ一《ひと》すぢありける。
② いつしかその日にならなむ。
③ さやうのもの、なくてありなむ。
④ もし賢女あらば、それも物うとくすさまじかりなむ。
⑤ 願はくは花の下《もと》にて春死なむ　そのきさらぎの望月《もちづき》のころ

①	②	③	④	⑤

❖その他の識別一覧

本編で扱わなかった識別の例をあげています。例文を通じて確認しておきましょう。

けれ

＊正確な品詞分解をすることで識別できる。

①	過去の助動詞「けり」の已然形	例 水上に流しければ、九重のうちに、流れいりにけり。（俊頼髄脳） 訳 水上に流したので、宮中の中に、流れて入ってしまった。	＊連用形に接続している。「流し」はサ行四段動詞の連用形。
		例 お使ひ重ねて三度までこそ立てられけれ。（平家物語） 訳 お使いを重ねて三度まで立てなさった。	＊「けれ」が「こそ」の結びで已然形。
②	形容詞の已然形活用語尾	例 くちをしけれど、いふかひなければ、かくてあらせ奉るを、（堤中納言物語） 訳 残念だけれども、どうしようもないので、このようにいさせ申し上げるのに、	＊「くちをし」は形容詞終止形。終止形に助動詞「けり」は接続しないので「くちをしけれ」で一単語と判断する。 ＊「いふかひな」では意味が通じない。「いふかひなけれ」で一単語と判断する。
③	形容詞型活用の助動詞の已然形の一部	例 おのが君の仰せごとをばかなへむとこそ思ふべけれ。（竹取物語） 訳 自分のご主人様の御命令をかなえようと思わなければならない。	＊「べ」では意味が通じない。「べけれ」で一単語と判断する。
④	カ行四段動詞の已然形活用語尾＋完了の助動詞「り」の已然形	例 咲かざりし花も咲けれど（万葉集） 訳 咲かなかった花も咲いているけれども	＊「咲」だけでは意味が通じない。「咲く」の已然形「咲け」であると判断する。完了の助動詞「り」は、四段動詞の已然形に接続する。

し

＊品詞分解とともに、現代語訳をして判断する。

①	サ行変格動詞の連用形（活用語尾）	例 妻子のためには、恥をも忘れ、盗みもしつべきなり。（徒然草） 訳 妻子のためには、恥をも忘れ、盗みもしてしまうにちがいないのだ。	＊「し」の直前の語は「も」という助詞。「し」はサ変動詞「す」の連用形。

		例「心しして降りよ。」（徒然草） 訳「気をつけて降りろ。」	＊「心し」はサ変の複合動詞「心す」の連用形。
②	サ行四段動詞の連用形活用語尾	例 初めの句を申し出《い》だしたるを、（古今著聞集） 訳 初めの句を申し出したのを、	＊「出だし」がサ行四段動詞「出だす」の連用形。
③	過去の助動詞「き」の連体形	例 うちそひて下りしを、（更級日記） 訳 付き添って地方に行ったのを、	＊「下り」が、ラ行四段動詞「下る」の連用形。過去の助動詞「き」の接続は連用形、「～た」と訳すことができる。
		例「助け給へ。」となむ二心なく申し侍りし。（発心集） 訳「助けてください。」と一心に申し上げました。	＊「し」が「なむ」の結びで連体形。「ぞ・なむ・や・か」を受ける文末は連体形となる。
④	強意の副助詞「し」	例 はるばる来ぬる旅をしぞ思ふ（古今和歌集） 訳 はるか遠くに来た旅（のわびしさ）を思う	＊「し」は強意で訳出しないので、「し」を除いても、文意は通る。

にて

＊正確な品詞分解をすることで識別できる。

①	形容動詞ナリ活用の連用形活用語尾＋接続助詞「て」	例 男子の声はをさなげにて文読みたる、（枕草子） 訳 男子の声は幼い様子で漢詩文を読んでいる、	＊「に」の接続に着目する。「に」の上が「～やか」「～らか」「～げ」である場合、「に」は形容動詞の活用語尾。また、「幼い様子で」とものごとの状態をあらわしていることにも着目する。
②	断定の助動詞「なり」の連用形＋接続助詞「て」	例「われは月の都の人にて、父母あり。」（竹取物語） 訳「私は月の都の人であって、（そこには）父母がいる。」	＊「人」という体言に接続している。断定「なり」の接続は、体言・連体形・助詞・指示副詞。「に」の下に「あり」を補って訳すことができる。
③	格助詞「にて」	例 京にて生まれたりし女子、（土佐日記） 訳 都で生まれた女子、	＊格助詞の「にて」は、場所・時・手段・方法をあらわしたり、資格・状態・原因・理由なども示したりする。訳出の際に注意しよう。

編集協力　(株)ことば舎／そらみつ企画／(有)アリエッタ
装丁デザイン　(株)ライトパブリシティ
本文デザイン　小川純（オガワデザイン）

〔基礎からのジャンプアップノート　古典文法・演習ドリル【改訂版】　本冊〕　S2k202

別冊解答 もくじ

1 練習問題（動詞・形容詞・形容動詞）

問題は本冊18ページ

解答

1 次の（　）の中の動詞を正しく活用させよ。

① 身の全く久しからむことをば（思ふ）ず。（徒然草）

自分の身が、安全で長生きすることを考えない。

② これを（見る）人涙を流さずといふことなし。（平家物語）

これを見る人で涙を流さないということはない。

③ あるいは大家《おほいへ》（滅ぶ）て小家《こいへ》となる。（方丈記）

あるものは大きな家がなくなり、小さな家となる。

④ 我（捨つ）て去りなば、ほとほと命も尽きぬべし。（発心集）

もしも私を捨てて去ってしまったならば、あと少しで命も尽きてしまったことだろう。

⑤ 「いとやすし」と、（うなづく）をり。（竹取物語）

「たいそう簡単だ」と、うなずいている。

①	思は
②	見る
③	滅び
④	捨て
⑤	うなづき

解説

1 **動詞の活用形の理解を確認する問題**

①「思ふ」の活用を確認する。「思ふ」に「ず」をつけて未然形にすると、「思は（ha）ず」と「ず」の前がa段音なので、ハ行四段活用と判断できる。「は／ひ／ふ／ふ／へ／へ」と活用する。ここでは「ず」の上なので未然形の「思は」が正解。

②「見る」は、「ひいきにみゐる」と覚えた上一段動詞。上一段動詞の活用の行を決めるのは「見《み》」の方なので、これはマ行上一段活用。「み／み／みる／みる／みれ／みよ」と活用する。問題では「見る」の下に「人」という体言があるので、連体形の「見る」が正解。

③④について。両方とも（動詞）の下に「て」がある。「て」はこれから学ぶことになる接続助詞で、連用形の下に付く（連用形接続）。

③「滅ぶ」に「ず」を付けて未然形にすると「滅び（bi）ず」と「ず」の前がi段音なので、バ行上二段活用で「び／び／ぶ／ぶる／ぶれ／びよ」と活用する。下に「て」があるので、連用形の「滅び」が正解。

④「捨つ」に「ず」を付けて未然形にすると「捨て（te）ず」と「ず」の前がe段音なので、タ行下二段活用で「て／て／つ／つる／つれ／てよ」と活用する。下に「て」があるので、連用形の「捨て」が正解。

⑤「うなづく」に「ず」を付けると「うなづか（ka）ず」となり、「ず」

2 次の傍線部の動詞を終止形になおし（A）、活用の行と種類（B）、文中での活用形（C）を答えよ。

① 並み居る。
並んで座る。

② 年ぞ暮るる。
年が暮れる。

③ 心得る人。
心得がある人。

	A	B	C
①	居る	ワ行上一段活用	終止形
②	暮る	ラ行下二段活用	連体形
③	心得	ア行下二段活用	連体形

の前の音がa段音なので、四段活用であることがわかる。活用の行はカ行。「か／き／く／く／け／け」と活用する。下に動詞の「をり」がある。動詞は用言。用言の上の語は連用形になるので、「うなづき」が正解。

2 動詞の活用形の理解を確認する問題

①「居る」は、「ひいきにみゐる」と覚えた上一段動詞。「居る」をひらがなで書くと「ゐる」となり、上一段動詞の活用の行を決めるのは「ゐ」の方なので、ワ行上一段活用と判断する。「居る」と活用するのは、終止形と連体形にある。このような場合は、活用形を判定したい語の直後に何がきているかを見る。ここでは、文末を示す「。」があるので、終止形だとわかる。

②「暮るる」は活用の種類を判断するため「ず」を付けると「暮れず」となり、「ず」の上がe段音なので、下二段活用と判断できる。活用の行は語尾の「る」のあるラ行。「れ／れ／る／るる／るれ／れよ」と活用するので、「暮るる」が連体形だとわかる。終止形になおすと「暮る」。「暮るる」の下に「。」があるのに連体形であるのは、上にある係助詞「ぞ」の結びで連体形となっているからである。

③「心得《う》」は「得《う》」の複合動詞（二つ以上の語が合わさって、一つになった動詞）。ア行で活用する動詞は「得」だけであったことを思い出そう。「得」の活用の種類を判断するために「ず」を付けて確認する。「得《え》ず」と「ず」の上はe段音となり、ア行下二段活用で「え／え／う／うる／うれ／えよ」と活用することがわかる。「得《う》る」と活用するのは連体形だけ。また、「得る」の下に「人」という体言があることからも連体形と判断できることを確認しておこう。

解答

3 次の傍線部の動詞の活用の種類（A）と活用形（B）を答えよ。

① 大将を犯す星なむ現じたる。（今昔物語集）
大将を害する星が現れている。

② この人を具して去にけり。（徒然草）
この人を連れて行ってしまった。

③ 月の都の人まうで来ば、捕《とら》へさせん。（竹取物語）
月の人たちがやって参ったら、捕らえさせよう。

④ あやしきひがごとどもにこそは侍らめ。（増鏡）
妙な間違いがございますでしょう。

⑤ いとうつくしう、さまざまにおはす。（源氏物語）
とてもかわいらしくて、それぞれでいらっしゃる。

	A	B
①	サ行変格活用	連用形
②	ナ行変格活用	連用形
③	カ行変格活用	未然形
④	ラ行変格活用	未然形
⑤	サ行変格活用	終止形

解説

3 変格活用動詞を確認する問題

①「現じ」を終止形にすると「現《げん》ず」。撥音《はつおん》（ん）のあとは濁音化する。これがわかっていれば、本来「現す」であったものが「現ず」となったとわかる。「現」＋「す」のサ変の複合動詞。サ変動詞の活用は「せ／し／す／する／すれ／せよ」。「し」となるのは連用形のみである。「現ず」は「現す」が濁音化したものなので、ザ変動詞とはいわない。

②「去《い》に」を終止形にすると「去《い》ぬ」。「死ぬ」「去ぬ」と覚えたナ変動詞。ナ変動詞の活用は「な／に／ぬ／ぬる／ぬれ／ね」と覚えておけば「去に」と活用するのは連用形だとすぐにわかる。「去《い》ぬ」は「往《い》ぬ」とも表記される。

③「まうで来」はカ変動詞「来」の上に「まうで」が付いたカ変の複合動詞。活用は「こ／き／く／くる／くれ／こ（こよ）」。接続助詞の「ば」の上は未然形か已然形がくるが、已然形は「来れ」と送り仮名が付く。ここでは「来」の下に送り仮名がないので未然形「来《こ》」だとわかる。「ば」については本冊56ページの「19 接続助詞」で詳しく学ぶので今は「ば」の上は未然形か已然形だということだけ覚えておこう。

④「侍《はべ》ら」を終止形にすると「侍り」で「ら／り／り／る／れ／れ」と活用するラ変動詞。活用の形から未然形とわかる。

⑤「す」「おはす」がサ変動詞であったことを思い出そう。「。」の上にあるので終止形。

4 **次の傍線部がナ変動詞であれば活用形を答え、そうでない場合は解答欄に×をつけよ。**

① ののしり笑ひければ、逃げ去りにけり。（宇治拾遺物語）

大騒ぎして笑ったので、逃げ去ってしまった。

② この下の渡《わたし》にて、舟うち返して死ぬ。（宇治拾遺物語）

この下流の渡し場で、舟がひっくり返って死ぬ。

③ 夜更けぬ、とにやありけむ、やがて往にけり。（土佐日記）

「夜が更けた」ということだったのだろうか、そのまま行ってしまった。

①	②	③
×	終止形	連用形

4 **ナ変動詞を確認する問題**

①「去り」は語尾がラ行で、終止形は「去る」。打消の助動詞「ず」を付けると、「去ら（ra）ず」となるのでラ行四段活用の動詞「去る」の連用形と判断できる。「去りにけり」の「に」は完了の助動詞「ぬ」の連用形。後出の助動詞・識別で詳しく学んでいこう。

②ナ変動詞は「死ぬ」「往ぬ（去ぬ）」の二つしかないのだから覚えておけば、簡単に判断できる。「死ぬ」は終止形。

③「往に」はナ変動詞「往ぬ」の連用形。ナ変動詞は「な／に／ぬ／ぬる／ぬれ／ね」と活用し、未然形から命令形まで同じ形になる活用形はないので、活用表をきちんと覚えていれば、連用形であることはすぐわかる。

解答

5 **次の（　）の中の動詞を正しく活用させよ。ただし、ひらがなで答えること。**

① 丹後より使ひは（来）ずや。（和歌威徳物語）

丹後から使者は来ないのか。

② 木のまたにすゑんと（す）けるなり。（古今著聞集）

木のまたに置こうとしていたのだ。

③ 高き山の峰の、下り（来）べくもあらぬに置きて逃げて（来）ぬ。（大和物語）

高い山の峰で、下りて来られそうもない山に置いて逃げて来た。

①	②	③	
こ	し	く	き

解説

5 **変格活用動詞の活用を確認する問題**

語を正しく活用させるには、その後の直後にどのような語があるかを確認すればよい。

①「来」はカ変動詞で「こ／き／く／くる／くれ／こ（こよ）」と活用する。「来」の直後にある「ず」は助動詞。「ず」は未然形の下に付く（未然形接続）というきまりがある。そこでカ変動詞の未然形「こ」が正解となる。

②「す」はサ変動詞で「せ／し／す／する／すれ／せよ」と活用する。下に続く「ける」は「8　助動詞　き・けり」（本冊26ページ参照）で詳しく学習するが、上には連用形の語がくる助動詞である（連用形接続）。そのため、サ変動詞「す」の連用形「し」が正解となる。

③「来」はカ変動詞。一つ目の「来」の下にある「べく」は助動詞「べし」の連用形で「14　助動詞　べし・まじ」（本冊42ページ参照）で詳しく学習するが、上には終止形（ラ変型には連体形）の語がくる。そのため、ここは終止形の「く」が正解となる。二つ目の「来」の下に続く「ぬ」は完了の助動詞「ぬ」（本冊28ページ参照）で、上には連用形の語がくる（連用形接続）。そのため、ここでは「き」が正解。

本冊22ページから助動詞について学習するが、助動詞はそれぞれどんな語や活用形の下に続くのかがきまっている。そのきまりを覚えていないと活用形の判断が難しくなることも多いので、しっかり学んでいこう。

6 次の（　）の中の形容詞を正しく活用させよ。

① 昔の人は、いささかのことをも、（いみじ）自賛したるなり。（徒然草）
昔の人は、ちょっとしたことについてでも、たいへん自慢したものだ。

② （ありがたし）もの、しうとにほめらるるむこ。（枕草子）
めったにないもの、しゅうとにほめられる婿。

③ いと（あやし）さまを人や見つらん。（源氏物語）
ひどく見苦しい様子を、人が見てしまっているかもしれない。

④ 散ればこそいとど桜は（めでたし）。（伊勢物語）
散るからこそいっそう桜はすばらしいものなのだ。

①	②	③	④
いみじく	ありがたき	あやしき	めでたけれ

---

6 形容詞の活用形を確認する問題

語の活用形を考えるときは、判断したい語の直後に何がきているかを見ればよい。

形容詞の場合、「○／く／し／き／けれ／○」と活用する本活用は、下に助動詞以外のものが付く。「から／かり／○／かる／○／かれ」と活用する補助活用は、下に助動詞が付く。

①「いみじ」は「いみじくなる」となり、シク活用。「いみじ」のあとにあるのはサ変の複合動詞「自賛す」。動詞（＝用言）に接続するので「いみじ」を連用形にする。「いみじ」の直後は助動詞ではないので、本活用の連用形を答える。

②「ありがたし」は「ありがたくなる」となり、ク活用。「ありがたし」の直後は名詞（＝体言）の「もの」。そこで「ありがたし」を体言が下に続く形（連体形）にする。体言に接続するので、本活用の連体形「ありがたき」となる。

③「あやし」は「あやしくなる」となり、シク活用。「あやし」の直後は名詞（＝体言）の「さま」。「あやし」を連体形にする。体言に接続するので、本活用の連体形「あやしき」となる。

④「めでたし」は「めでたくなる」となり、ク活用。文中に係助詞「こそ」があるので、文末の語は結びのため已然形となる。「めでたし」の已然形は、「めでたけれ」。

解答

7 次の各文中から形容詞・形容動詞を抜き出し（A）、その活用形を答えよ（B）。

① 空《そら》だきの香、こころにくくかをりて、まことに優なり。（十訓抄）
わざとらしくはないお香が、おくゆかしく香ってきて実に優雅である。

② 憂《うれ》へなきを楽しみとす。（方丈記）
心配事がないことを楽しみとしている。

③ 心おのづから静かなれば、無益《むやく》のわざをなさず。（徒然草）
心がおのずと穏やかなので、むだなことはしない。

④ あけて出で入る所たてぬ人、いとにくし。（枕草子）
開けて出入りする所を閉めない人は、とても気に入らない。

	A	B
①	こころにくく	連用形
①	優なり	終止形
②	なき	連体形
③	静かなれ	已然形
④	にくし	終止形

※①の解答は順不同。

解説

7 **形容詞、形容動詞を文中から識別する問題**

形容詞・形容動詞は物事の状態や性質をあらわすものである、という基本をもう一度確認して問題文を読んでみよう。

①この文の中で、物事の状態や性質をあらわしているものは「こころにくく」と「優なり」の二つ。活用表を覚えていれば、「こころにくく」は形容詞ク活用、「優なり」は形容動詞ナリ活用であることは、すぐにわかる。「こころにくく」は「かをり」という用言が下にあり連用形。「優なり」はここで文が終わっているので、終止形。

②「なき」は形容詞ク活用の「なし」の連体形。「を」の前に「こと」などの体言が省略された形であり、活用を覚えていないと連体形と見抜けないので、しっかり覚えておこう。

③「静かなれ」は形容動詞ナリ活用の「静かなり」の已然形。

④「にくし」は形容詞ク活用「にくし」の終止形。

8 次の傍線部を現代語訳せよ。

① 咲く花の下に隠るる人を多みありしにまさる藤の陰《かげ》かも
咲く花の大きな花房の下に入って、隠れる人が多いので、以前にもまして盛大な藤の花陰だなあ。（伊勢物語）

② 山ふかみ春ともしらぬ松の戸にたえだえかかる雪の玉水《たまみづ》
山が深いので春が来たともわからない（私の家の）松の戸に、途絶え途絶え落ちかかってくる玉のように美しい雪どけの水よ。（新古今和歌集）

①	②
人が多いので	山が深いので

8 語幹の用法を確認する問題

形容詞の語幹の用法。「名詞（＋を）＋形容詞の語幹＋み」の形は「名詞が形容詞の語幹なので」と訳す。「を」がない場合もあるが、訳し方は変わらない。「み」は接尾語。
②の「山が深い」とは山奥であるということ。

2 練習問題（助動詞 き・けり・つ・ぬ・たり・り）

問題は本冊30ページ

解答

1 次の各文中から、過去の助動詞をそのままの形で抜き出し（A）、その活用形を答えよ（B）。

① にはかに都遷《うつ》り侍《はべ》りき。（方丈記）

急に遷都が行われました。

② 昔もひとたびふたたび通ひし道なり。（源氏物語）

昔も一度二度通った道である。

③ 世の中にたえて桜のなかりせば春の心はのどけからまし（古今和歌集）

もし世の中に全く桜というものがなかったならば、春の人の心はのどかなものであっただろうに。

	A		B	
①	A	き	B	終止形
②	A	し	B	連体形
③	A	せ	B	未然形

解説

1 過去の助動詞を見つける問題

「せ／○／き／し／しか／○」という活用のしかたをきちんとおさえていると、簡単に解答できる。

①は一目瞭然。「侍りき」の「き」が、過去の助動詞「き」の終止形。

②は「通ひし」の「し」が、過去の助動詞「き」の連体形。過去の助動詞「き」は連体形「し」の形で使うことが多いので注意が必要。

③は「なかりせば」の「せ」が過去の助動詞「き」の未然形。未然形の「せ」は「AせばBまし〈もしAだったならば、Bだっただろうに〉」という反実仮想の構文（詳しくは本冊46ページ参照）にだけ登場する。これをサ変動詞「す」の未然形だとする説もあるが、受験生としては過去説にしたがっておいて問題はない。

2 次の傍線部の「けり」のうち、詠嘆でないものを選び記号を答えよ。

① 「犬なども、かかる心あるものなりけり」と笑はせ給ふ。（枕草子）
「犬などにも、こうした（人間のような）心があるものなのだなあ」といって帝がお笑いになる。

② 人もなき空しき家は草枕旅にまさりて苦しかりけり（万葉集）
妻のいなくなった空しい家は、旅にもまさって苦しいことだなあ。

③ 式部《しきぶ》卿宮《きやうのみや》、明けん年ぞ五十になり給ひける。（源氏物語）
式部卿宮は、翌年五十歳におなりになった。

④ ふるさととなりにし平城《なら》の都にも色はかはらず花は咲きけり（古今和歌集）
昔の都になってしまったこの奈良の地にも、色は変わらず花は咲くものなのだなあ。

③

2 **「けり」の意味を過去と詠嘆とにわける問題**

「けり」には過去と詠嘆がある。古文を読んでいて「けり」に出くわしたら、過去になるのか詠嘆になるのかをいつも考えるようにしよう。詠嘆の「けり」は、会話文中、和歌中に多く、「なりけり」の形をとりやすい。そこがポイント。

①は「　」が付いていて、会話文であることがわかる。また、「なりけり」の「けり」でもあるから、詠嘆と判断。

②は出典が『万葉集』（日本最古の歌集）であり、全体が「五七五七七」のリズムに区切れるから、和歌中の「けり」とわかる。和歌中の「けり」は、ほぼ100パーセントに近く詠嘆になる。よって②も詠嘆と見ていい。

③の「けり」は、会話文中でもなく、和歌中でもなく、「なりけり」の形もとっていない。だから詠嘆ではなく、過去だと考える。

④も和歌。和歌には読点（、）や句点（。）が付けられていない。「、」や「。」がなければ和歌ではないかと考えよう。和歌中の「けり」なので、④も詠嘆。

よって、正解は③。

解答

3 **次の各文中から、完了の助動詞をそのままの形で抜き出せ。**

① この男、垣間《かいま》見てけり。（伊勢物語）

この男は、こっそりのぞき見てしまった。

② 雀《すずめ》の子を犬君《いぬき》が逃がしつる。（源氏物語）

雀の子を犬君（＝召使いの名前）が逃がしてしまったの。

③ 花もみな咲きぬれど、音もせず。（更級日記）

梅の花もすっかり咲いたけれど、（梅が咲いたら帰ってくるといった母からは）何の音沙汰もない。

④ 河内《かはち》へも行かずなりにけり。（伊勢物語）

河内の国へも行かなくなってしまった。

①	②	③	④
て	つる	ぬれ	に

解説

3 **完了の助動詞に慣れるための問題**

①は本冊28ページの「ここがポイント！」でもふれた、「てき」「てけり」の問題。「てき」「てけり」の「て」は完了と即答できるようにしたい。「て」は完了の助動詞「つ」の連用形である。

②は文末の「つる」が完了の助動詞「つ」の連体形。係り結びでもないのに文末に連体形が出るのはなぜだ…と、考えた人は立派。この文のように、理由もなく文末に連体形があらわれた場合を「連体形止め」といい、余情詠嘆の気持ちをこめて文を終止する。

> ●連体形止め … 余情詠嘆〈～コトヨ・～コトダ〉
> 例 花咲きぬる。
> 訳 花が咲いたことよ。

③は、「ど」の直前の「ぬれ」が完了の助動詞「ぬ」の已然形。

④は入試頻出の形。本冊28ページの「ここがポイント！」にもあげた「にき・にけり・にたり」である。「にけり」の「に」が完了「ぬ」の連用形になる。「行かずなりにけり」の「なり」は四段活用の動詞「なる」の連用形。

4 次の傍線部を現代語訳せよ。

① 雨降りぬ。（土佐日記）
雨が降った。

② 風も吹きぬべし。（土佐日記）
風もきっと吹くだろう。

①	②
降った	きっと吹くだろう

5 次の傍線部の助動詞の意味が強意のものを二つ選び、その記号を答えよ（順不同）。

① なにの身にこのたびはなりぬらむ。（枕草子）
何の身に今度は生まれ変わったことであろうか。

② 当代まで六十八代にぞならせ給ひにける。（大鏡）
（現在の）天皇まで六十八代におなりになっている。

③ 天気《てけ》のこと、楫取《かぢとり》の心にまかせつ。（土佐日記）
天候のことは、船頭の判断にまかせてしまった。

④ かくしつつ世は尽きぬべきにや。（源氏物語）
この様（悪天候）にして、この世は滅亡してしまうのだろうか。

①	④

---

4 「つ」「ぬ」の強意の用法を確認する問題

「つ」と「ぬ」は下に推量の助動詞がきたら強意になる。本冊28ページにまとめた通り、「つ」「ぬ」に推量の助動詞が付くときの形は、「てむ・なむ・つべし・ぬべし・つらむ・ぬらむ・てまし・なまし・てけむ・にけむ・つめり・ぬめり・つらし・ぬらし・てむず・なむず」の16通りしかない。この形は早めに覚えてしまったほうが、後々のためになる。

①は下に推量の助動詞がきていないから、ただの完了。訳は「降った」でも「降ってしまった」でもよい。

②は下に推量の助動詞があるから、強意。「きっと吹くだろう」でも、「必ず吹くだろう」でもよい。

5 強意の「つ」「ぬ」を見分けるための問題

「つ」「ぬ」の下に推量の助動詞がきていたら、強意の意味となる。ここでは①「ぬらむ」と④「ぬべき」がそれに該当。

解答

6 次の各文中から助動詞「たり」「り」をそのままの形で抜き出し(A)、その活用形を答えよ(B)。

① 楫取は舟歌うたひて、何とも思へらず。 (土佐日記)

船頭は舟歌を歌って、何とも思っていない。

② うつくしきもの。瓜《うり》にかきたる稚児《ちご》の顔。 (枕草子)

かわいらしいもの。瓜に描いてある幼児の顔。

③ 兼行《かねゆき》が書ける扉、あざやかに見ゆるぞあはれなる。 (徒然草)

源兼行が書いた扉(の字)が、(時がたっても)はっきりと見えているのがしみじみ感慨深い。

④ 我死なむ後に、たちまちに葬することなくして、九日置きたれ。 (今昔物語集)

私が死んだ後で、すぐに葬ることはしないで、九日置いておけ。

	A		B	
①	A	ら	B	未然形
②	A	たる	B	連体形
③	A	る	B	連体形
④	A	たれ	B	命令形

解説

6 完了の助動詞「たり」「り」に慣れるための問題

①は「思へらず」の「ら」が完了(存続)の「り」である。「り」は「ら/り/り/る/れ/れ」と活用するから、①の「ら」は未然形ということになる。

②は「かきたる」の「たる」が完了(存続)の助動詞。「たり」は「たら/たり/たり/たる/たれ/たれ」と活用するから、②の「たる」は連体形である。

③は「書ける」の「る」が完了の「り」の連体形。完了の「り」は「書け(e)る」のように、必ず「e段音」の下に付く。これ以外の「る」についても確認しておこう。「見ゆる」の「る」はヤ行下二段動詞「見ゆ」の連体形「見ゆる」の一部。「あはれなる」の「る」は形容動詞「あはれなり」の連体形「あはれなる」の一部。

④は文末の「たれ」が完了(存続)の助動詞。「たり」は「たら/たり/たり/たる/たれ/たれ」と活用するから、④の「たれ」は已然形か命令形。文末の「たれ」は、上に係助詞の「こそ」がなければ命令形と考える。「九日こそ置きたれ」なら「たれ」は已然形。問題は「九日置きたれ」なので命令形。

7 次の傍線部を現代語訳せよ。

① その沢に、かきつばた、いとおもしろく咲きたり。（伊勢物語）

その沢に、かきつばたが、たいそう美しく咲いている。

② 遊女《あそび》三人《みたり》、いづくよりともなく出《い》で来《き》たり。（更級日記）

遊女が三人、どこからともなく出て来た。

③ その辺りに、照《て》り輝く木ども立てり。（竹取物語）

その辺りに、照り輝く多くの木が立っている。

①	②	③
咲いている	出て来た	立っている

7 「たり」と「り」の訳し方の練習問題

本冊29ページにまとめたように、「たり」と「り」には完了〈～タ・～テシマッタ〉と存続〈～テイル・～テアル〉の意味がある。訳すにあたっては、まず存続で意味をとり、不自然になったら完了にまわす。

存続と完了とは、厳密に考えるとすっきりわけにくい場合もあるが、そこまでは入試に出ないから、迷ったら「存続」でとるのがいい。

①は「その沢に、かきつばた、いとおもしろく咲きたり」。これを存続で訳してみると、「その沢に、かきつばたが、たいそう美しく咲いている」。特に不自然なところは感じられないので、そのまま存続にしておく。

②は「遊女三人、いづくよりともなく出で来たり」。これを存続で訳してみると、「遊女が三人、どこからともなく出て来ている」となり、「出て来ている」の部分がやや不自然。そこで完了にまわして、「遊女が三人、どこからともなく出て来た」と考える。

③は「その辺りに、光り輝く木ども立てり」。これを存続で訳すと、「その辺りに、光り輝く多くの木が立っている」。特に不自然ではないから③も存続だと考える。

3 練習問題（助動詞　る・らる・す・さす・しむ・ず）

問題は本冊36ページ

解答

1 次の空欄に助動詞「る」「らる」のどちらか適当な方を入れよ（終止形のままでよい）。

① 人に疑は□。

② 人に害せ□。

③ 人に命ぜ□。

①	②	③
る	らる	らる

解説

1 「る」と「らる」の接続を確認する問題

「る」は四段・ナ変・ラ変の未然形（a段音）に付き、「らる」はそれ以外の動詞の未然形に付く。そこで、①から③までの空欄の上に、四段・ナ変・ラ変動詞の未然形があれば、「る」。それ以外の動詞の未然形があれば「らる」を選べばよいということになる。

①は空欄の上に、四段活用の動詞「疑ふ」の未然形がある。だから、解答は「る」にする。

②と③は、空欄の上にサ変の複合動詞「害す」と「命ず」の未然形がある。だから、両方とも「らる」を選ぶ。

2 次の傍線部の助動詞「る」「らる」の意味（A）と活用形（B）を答えよ。

① 盗人なりければ、国の守《かみ》にからめられにけり。（伊勢物語）
盗人であったので、国守に捕らえられてしまった。

② 大将いとま申して、福原へこそ帰られけれ。（平家物語）
大将（藤原実定《ふじわらのさねさだ》）は別れのことばを申し上げて、福原へ帰りなさった。

③ 湯水ものどへ入れられず。（平家物語）
湯水ものどへ入れることができない。

④ 今日は都のみぞ思ひやらるる。（土佐日記）
今日は都のことばかり思いやられる。

	A	B
①	受身	連用形
②	尊敬	連用形
③	可能	未然形
④	自発	連体形

2 「る」「らる」の意味と活用を確認する問題

まず、意味。①は「国の守に」とある点に注意。「〜に」＋「る・らる」の形は受身である。

②は「大将」とある点に注意。「大将」は「だいしゃう」と読み、近衛《このえ》府《ふ》（天皇の守護などを任務とした役所）の長官。貴人といっていい。「貴人」が主語のときは尊敬となることが多い。

③は「られず」で、下に打消の語をともなうから、典型的な可能の形。

④は「思ひやる」という心情動詞に付いていることに注意。「知覚動詞・心情動詞」＋「る・らる」は自発の典型的な形である。

次に、活用形。①の「られ」は受身の助動詞「らる」の連用形。「らる」は「られ／られ／らる…」と活用するから、未然形か連用形か判別がつかない。このような場合は、指摘された箇所、ここでは「られ」の下に何があるかを確認しよう。「られ」の下の「に」は完了の助動詞「ぬ」の連用形。完了の「ぬ」の上には連用形がくるから、「られ」は連用形となる。

②の「れ」は尊敬の助動詞「る」の連用形。「る」は「れ／れ／る…」と活用するから、未然形でも連用形でもよさそうだが、下に過去の助動詞「けり」の已然形の「けれ」があることに注目。「けり」の上は連用形である。

③の「られ」は可能の助動詞の未然形。下に打消の助動詞「ず」がある。「ず」の上は未然形である。

④は係り結びに注意。「都のみぞ」の「ぞ」が文末にかかってくるので、「るる」は連体形。

解答

3 次の各文中から助動詞「る」「らる」をそのままの形で抜き出し（A）、その意味を答えよ（B）。

① 西の宮の左大臣《ひだりのおとど》流され給ふ。（蜻蛉日記）
西の宮の左大臣さまが流されなさる。

② あるやむごとなき人仰せられき。（徒然草）
ある高貴な方がおっしゃった。

③ 家の造りやうは夏を旨《むね》とすべし。冬はいかなる所にも住まる。（徒然草）
家の造り方は、夏を第一に考えて造るのがよい。冬はどんなところにでも住むことができる。

④ いかに結びおきける前《さき》の世のちぎりにかと、もののみ思ひつづけられて、あはれ、しのびがたきここちす。（讃岐典侍日記）
どのように結ばれていた前世からの因縁なのだろうかと、あれこれ思い続けてしまうばかりで、ああ、耐えられない気持ちになる。

⑤ おぼつかなきもの。ものもまだ言はぬ乳児《ちご》の、反《そ》りくつがへり人にも抱かれず泣きたる。（枕草子）
気が気ではないもの。ものもまだ言わない赤ちゃんが、そっくり返って人にも抱かれないで泣いている場合。

	A	B
①	れ	受身
②	られ	尊敬

解説

3「る」「らる」の意味について、さらに理解を深めるための問題

①は「れ給ふ」「られ給ふ」の形。この形の「れ」「られ」は受身か自発になるのが原則。自発にすると、「左大臣が自然と流しなさる」というわけのわからない内容になるので、受身と見る。

②は「仰せらる」の「らる」は絶対に尊敬になると覚えていれば容易。よって「仰せられき」の「られ」は尊敬。

③は「住まる」の「る」が可能。出典が『徒然草』であることに注意。平安時代の場合、可能は打ち消しして使うのが原則だが、『徒然草』は鎌倉末期の作品なので、しばしば可能の「できる」という肯定の形で使われている。この③の短文は入試頻出なので、覚えておいたほうがよい。

④は「思ひつづけられて」の「られ」が自発の助動詞「らる」の連用形。抜き出しに注意。「思ひつづく」（カ行下二段）の未然形が「思ひつづけ」となる。自発は心情動詞・知覚動詞に付きやすい。「思ひつづく」は心情動詞である。

⑤は「人にも抱かれず」の「れ」が受身。「れず」は可能の典型的な形。また「〜に＋る・らる」は受身の形。このように公式が重なるときは文脈判断で決める。可能の意味で訳すと「人にも抱くことができず泣いている」とわけのわからない文になる。よってここでは受身とする。

③	④	⑤
A	A	A
る	られ	れ
B	B	B
可能	自発	受身

4 **次の空欄に助動詞「す」「さす」のどちらか適当な方を入れよ（終止形のままでよい）。**

① 妻《め》の嫗《おうな》に預けて養は□。　（竹取物語）

妻であるおばあさんに預けて養わせる。

② 贈り物、御覧ぜ□。　（源氏物語）

贈り物をご覧に入れる。

①	②
す	さす

4 **「す」「さす」の接続を確認する問題**

「す」は四段・ナ変・ラ変動詞の未然形に付き、「さす」はそれ以外の動詞の未然形に付く。「す」と「さす」の接続の違いは、「る」と「らる」の接続の違いと全く同じである。

①は空欄の上に四段活用の動詞「養ふ」の未然形がある。だから「す」。

②は空欄の上にサ変動詞「御覧ず」の未然形がある。だから「さす」。

解答

5 **次の傍線部の助動詞の意味を答えよ。**

① 下部に酒飲ますることは心すべきことなり。（徒然草）
下層階級の者に酒を飲ませることは、注意すべきことである。

② 関白殿、黒戸《くろど》より出でさせ給ふ。（枕草子）
関白殿が、黒戸からお出ましになる。

③ 随身《ずいじん》にうたはせ給ふ。（堤中納言物語）
随身に歌わせなさる。

④ おほやけも行幸《ぎやうがう》せしめ給ふ。（大鏡）
天皇もお出かけになる。

①	使役	②	尊敬
③	使役	④	尊敬

解説

5 **「す」「さす」の意味を判別する問題**

①は「する」の下に尊敬語がないから、使役の助動詞「す」の連体形である。下に尊敬語がないかぎり、「す」「さす」は絶対に尊敬にはならない。

②は「せ給ふ・させ給ふ・しめ給ふ」の典型的な二重尊敬の形である。二重尊敬はこの例のように、天皇・上皇をはじめとする皇族や、摂政・関白など最高に身分が高い人々に使う。この「させ」も尊敬の助動詞「さす」の連用形で、関白を敬うために用いられている。

③は二重尊敬の形だが、前に「随身に」ということばがあるので使役にする。「せ給ふ・させ給ふ・しめ給ふ」でも、上に「〜（＝誰々）に」があるときは使役にするのが原則である。「せ」は使役の助動詞「す」の連用形。

④も②と同じで二重尊敬の形。「おほやけ（公）」は「天皇」のこと。「行幸」は「天皇のお出かけ」をいう。

6 次の傍線部の助動詞の意味を答えよ。

① 持たせたる旗、あげさせよ。（平家物語）
持たせている旗をあげさせよ。

② 君も臣も、大きに騒がせおはします。（平家物語）
君主（天皇）も臣下も、たいそうお騒ぎになっていらっしゃる。

③ 帝おりさせ給ひぬれば、東宮位につかせ給ひぬ。（栄花物語）
天皇が退位なさったので、皇太子が位におつきになった。

④ 内（＝天皇）にも、このかたに心得たる人々に弾かせ給ふ。（源氏物語）
天皇におかれても、音楽の方面に心得のある女房たちに（琴を）お弾かせになる。

①	②	③	④
使役	尊敬	尊敬	使役

6 「す」「さす」の意味について、さらに理解を深める問題

①は下に尊敬語がないから、使役。使役の助動詞「さす」の命令形。

②は「せ」の下に「おはします」という尊敬語がある。「せ給ふ」と同じで、これも二重尊敬。上の「君」は「君主」という意味だが、ここでは天皇のこと。

③は「せ」が尊敬の助動詞「す」の連用形。「せ給ふ」で、典型的な二重尊敬の形である。「東宮《とうぐう》」は「春宮」とも書き、「皇太子」のこと。なお、「位に」があるから「使役」だと考えてはいけない。使役の前にある「～に」の「～」は人物でなければならない。

④は「せ」が使役の助動詞「す」の連用形。主語の「内」は「天皇」。「せ給ふ」だから二重尊敬にしたいところだが、上に「人々に」とあるので使役にする。ちなみに、「内にも」というのは、古文独特の主語の言いあらわし方で、「天皇におかれても」などと訳す。「上にも」とか「御前にも」ということも多い。そのまま「天皇にも」と訳さないように注意すること。

解答

7 次の各文中の打消の助動詞をそのままの形で抜き出し（A）、その活用形を答えよ（B）。

① げにただ人にはあらざりけり。（竹取物語）
ほんとうにふつうの人ではなかったよ。

② 京には見えぬ鳥なれば、みな人見知らず。（伊勢物語）
都では見かけない鳥なので、そこにいた人は誰も見てわからない。

③ 風の吹くことやまねば、岸の波立ちかへる。（土佐日記）
風が吹くことがやまないので、岸の波も逆巻いている。

	A	B
①	ざり	連用形
②	ぬ	連体形
②	ず	終止形
③	ね	已然形

※②の解答は順不同。

解説

7 **打消の助動詞に慣れる問題**

打消の助動詞は活用をしっかり覚えておくのがポイント。特に「ぬ」や「ね」の形は完了の助動詞にもあるので注意したい。

①は「ざり」。活用を覚えておいて「連用形」と解答してもいいし、「けり」（連用形接続の助動詞）の上だから連用形と答えてもいい。

②は二つあることに注意。一つは「見えぬ」の「ぬ」。これは打消の助動詞「ず」の連体形。「ぬ」は完了の助動詞とも考えられるが、体言（鳥）の上は連体形になることに注意しよう。完了の助動詞なら「見えぬる鳥」になるはずだ。もう一つは文末の「ず」。これは打消の助動詞「ず」の終止形。

③は「やまねば」の「ね」。これは打消の助動詞「ず」の已然形。打消の已然形「ね」は「ねば・ねど・ねども」の形で文中にあらわれることが多い。「ねば・ねど・ねども」の「ね」は打消、と覚えておこう。

4 練習問題（助動詞　む・むず・じ・らむ・けむ・べし・まじ）

問題は本冊44ページ

解答

1 次の傍線部「む」の意味を答えよ。

① 我行かむ。
私は行こう。

② 汝《なんぢ》行かむ。
あなたが行くのがいい。

③ 花咲かむ。
花が咲くだろう。

④ 花咲かむ時。
花が咲くような時。

① 意志	② 勧誘（適当）
③ 推量	④ 婉曲（仮定）

解説

1 「む」の用法を確認する問題

「む」はたくさん意味があるから、「す・い・か・か・え」と、まず頭《かしら》文字を覚えるとよい。意味を判別するときは、仮定・婉曲をまず見極めよう。仮定と婉曲とは文中に連体形で使われるから、ふつう見た目ですぐに判断ができる。

④は「花咲かむ時」。この「む」は文中に連体形で使われているから、解答は婉曲でも仮定でもいい。

①から③までは文末用法である。これは主語によって、推量か意志か勧誘（適当）かを見きわめる。

まず①は「我」が一人称だから意志。次に②は「汝（＝あなた・おまえ）」が二人称だから勧誘（適当）。③は主語の「花」が三人称だから推量となる。

2 次の傍線部の助動詞の意味を答えよ。

① 「この障子口《さうじぐち》に、まろは寝たらむ。」 （源氏物語）

「この障子の立ててある出入り口に、私は寝ていよう。」

② 「少納言よ、香炉峰《かうろほう》の雪いかならむ。」 （枕草子）

「少納言よ、香炉峰の雪はどのようであろう。」

＊香炉峰…中国・江西省にある廬山《ろざん》の峰の名前。形が香炉に似ている。

③ 「などかくは急ぎ給ふ。花を見てこそ帰り給はめ。」 （うつほ物語）

「どうしてこんなにお急ぎになるのですか。（梅の）花を見てお帰りになるのがよい。」

①	②	③
意志	推量	勧誘（適当）

2 「む」の意味判別を、実際の古文の用例で学ぶ問題

①から③まですべて文末用法なので、婉曲・仮定はない。

①は「まろ」が一人称代名詞なので、意志。「まろ」は男女ともに使う。男とは限らないので、読解のときには注意が必要だ。「私」と訳す。

②は「香炉峰の雪」が主語。前の「少納言よ」は呼びかけのことば。主語ではない。「香炉峰の雪」が三人称なので、「む」は推量にする。「む」の前にある「いかなら」は、形容動詞「いかなり」の未然形で「どのようだ」という意味である。

③は「こそ――め」の形であることに注意。この形は「勧誘（適当）」で出題されやすい。「こそ――め」とあれば、主語として「あなたは」というのを強引に押し込んでみる。勧誘の「こそ――め」に主語が書いてあることはほとんどないからだ。そしてこれも強引に、「～するのがよい」と訳してみる。はまれば「勧誘（適当）」に決定。③の場合、「どうしてこんなにお急ぎになるのですか。（**あなたは**）梅の花を見てお帰りになるのがよい」と訳してもおかしくないから「勧誘（適当）」にする。

解答

3 次の傍線部の助動詞の意味（A）と活用形（B）を答えよ。

① 思はむ子を法師になしたらむこそ、心苦しけれ。（枕草子）
愛する子を、もし出家させたとしたら、気の毒なことである。

② 「我こそ死なめ」とて、泣きののしること、いと耐へがたげなり。（竹取物語）
「私が死のう」といって（翁《おきな》が）泣き騒ぐさまは、たいそう耐えがたい様子である。

③ 年五十になるまで上手に至らざらん芸をば捨つべきなり。（徒然草）
年が五十になるまで名人の域に達しないような芸は捨てた方がよい。

	A	B
①	婉曲(仮定)	連体形
②	意志	已然形
③	婉曲(仮定)	連体形

解説

3 「む」の意味判別についてさらに理解を深める問題

①は文中用法なので、婉曲でも仮定でもいい。婉曲でとれば、「愛する（ような）子」。仮定でとれば、「もし愛しているのなら、その子」である。「む」の下に体言の「子」があるので連体形となる。

②は意志。「こそ――め」の形だからといって、すべてが勧誘になるわけではない。勧誘など、長文を読んでいるとほとんど出てこないのだが、出るとすれば「こそ――め」の「め」には勧誘の意が入っているかもしれないよ…と、そんなふうに理解しておいてほしい。この場合も、主語が「我」で一人称なので、解答は「意志」になる。「こそ」の結びなので「め」は已然形。

③は「む」が「ん」の形で出ている。「ん」で出ると初心者は打消と勘違いしやすいから注意が必要。これも文中の連体形だから仮定でも婉曲でもよい。

4 次の傍線部を、例にならって品詞分解せよ。

死なんずるは、思ひまうけたれば、命は惜しくもあらず。（宇治拾遺物語）

死ぬことは、覚悟しているから、命は惜しくもない。

例
名詞	助詞	動詞	助動詞	名詞
雨	の	降り	ける	こと

動詞	助動詞	助詞
死な	んずる	は

5 次の各文を現代語訳せよ。

① 雨降らじ。

② 我行かじ。

①	雨は降らないだろう。（雨は降るまい。）
②	私は行かないつもりだ。（私は行くまい。）

---

4 「むず（んず）」の入試問題演習

助動詞「むず」については、意味を判別する問題がほとんどない。もし出たとしても、「む」と同じように考えれば解答が出る。ではどんな問題が出るかというと、ほとんどが品詞分解の問題である。あわてると、「むずる」を「むず＋る」と切ったり、「む＋ず＋る」と切ったりするから注意。「むず」は「○／○／むず／むずる／むずれ／○」という活用を、品詞分解のためにしっかり覚えておくことが重要だ。傍線部は「んずる」だから「むず」の撥音便《はつおんびん》化した「んず」の連体形。

5 「じ」の用法を確認し現代語訳する問題

「じ」は打消意志と打消推量の区別を付けるのがポイント。主語が一人称ならば、打消意志。それ以外なら打消推量だ。

①は打消推量。②は一人称が主語（＝「我」）なので打消意志。

解答

6 次の空欄に動詞「思ふ」を正しい形にして入れよ。

① 人を□らむ。
② 人を□けむ。

①	②
思ふ	思ひ

7 次の傍線部を「らむ」の用法に注意して現代語訳せよ。

① 奥山に花咲くらむ。
奥山に花が咲いているだろう。

② 唐土《もろこし》に咲くらむ花。
中国に咲いているとかいう花。

①	②
花が咲いているだろう	咲いているとかいう花

解説

6 **「らむ」と「けむ」の接続を確認する問題**

「らむ」は終止形に付き、「けむ」は連用形に付く。そして、「12 助動詞 む・むず・じ」で学習した「む」の接続は未然形であった。「む」「らむ」「けむ」は三兄弟のようなもので、活用パターンも同じなのだが、接続は全く異なるので気を付けてほしい。

①は「らむ」の上だから「思ふ」をそのまま終止形で入れる。
②は「けむ」の上なので連用形にして「思ひ」を入れる。

7 **「らむ」の意味判別をマスターする問題**

「らむ」は「む」に比べると、入試での出題頻度は高くないが、①と②程度の区別はできるようにしたいものである。

①は文末に使われているので、現在推量。「咲いているだろう」と訳す。
②は連体形の文中用法なので、「現在の伝聞」か「現在の婉曲」。どちらになるかは文脈判断をするしかないので、まず「現在の伝聞」で「〜いるとかいう」と訳し、不自然なら「現在の婉曲」で「〜いるような」にするといい。②は「中国に咲いているとかいう」と訳してもおかしくないので、現在の伝聞である。

8 次の傍線部「けむ」の意味を答えよ。

① 前《さき》の世の罪なりけむ。
前世の（自分が犯した）罪であったのだろう。

② 古《いにしへ》にありけむ鳥も、今はなし。
昔いたとかいう鳥も、今はいない。

①	②
過去推量	過去の伝聞

9 次の傍線部の「らむ」のうち、現在推量の助動詞であるものはどれか答えよ。

① 文を置きてまからむ。（竹取物語）
手紙を置いておいとましよう。

② わが背子はいづく行くらむ。（万葉集）
私の夫はどこを旅しているのだろう。

③ あはれ知れらむ人。（後撰和歌集）
ものの情趣を理解している（ような）人。

②

8 「けむ」の意味判別をマスターする問題

「けむ」は「らむ」と全く同じように考える。

①は文末用法なので、過去推量。「～た（の）だろう」と訳す。

②は連体形の文中用法なので、「過去の伝聞」で「～たとかいう」か「過去の婉曲」で「～たような」と訳す。「らむ」と同じように、まず「過去の伝聞」で訳してみて、不自然なら「過去の婉曲」にする。②の場合は「昔いたとかいう鳥」でおかしくないので「過去の伝聞」にする。

9 現在推量の助動詞「らむ」を他の語と区別する問題

現在推量の助動詞「らむ」の接続は終止形。したがって、①から③のうち、終止形に付く「らむ」が現在推量だと考えよう。

①は四段活用の動詞「まかる（「退出する」の意の謙譲語）」の未然形「まから」の活用語尾に、推量（意志）の助動詞「む」がくっついた形なので論外。これは現在推量の「らむ」ではない。

②は「行く」が四段活用の動詞「行く」の終止形。終止形に付くので、下の「らむ」は現在推量。よってこれが正解。

③は「知れ」が四段活用の動詞「知る」の已然形。四段の已然形に付く「ら」は、完了の助動詞「り」の未然形。「む」は推量（婉曲）の助動詞の連体形。

ついでながら、現在推量「らむ」の上にくることばはほとんどが「u段音」になる。「行く（u）らむ」「散る（u）らむ」「言ふ（u）らむ」という要領。「u段音＋らむ」は現在推量、と覚えておいても便利だ。

解答

10 **次の傍線部の助動詞の意味を答えよ。**

① 我かならず万歳《ばんぜい》をうたふべし。（雨月物語）

私が必ずおめでとうのことばを述べましょう。

② これは汝が髻《もとどり》と思ふべからず、主《しゅう》の髻と思ふべし。（平家物語）

これはお前の髻（束ねた髪）と思ってはならない、主人の髻と思いなさい。

③ 今日は日暮れぬ。勝負を決すべからず。（平家物語）

今日は日が暮れてしまった。勝負を決めることはできない。

①	②	③
意志	命令	可能

解説

10 **「べし」の意味を確認する問題**

「べし」は文法というより読解であつかうべきテーマである。文法知識としては、六つの意味と訳し方をしっかり覚えておくこと。ここでは、入試によく出る三つの用法を確認する。

①のように、終止形で使われると意志か命令で出題されることが多い。主語が一人称であれば、意志。二人称であれば、命令にする。①は主語が「我」なので意志が正解である。

②は同じく終止形だが、主語が二人称だと考えられるので、命令。まず、はじめの部分で「これはお前の髻《もとどり》だと思ってはならない」と、話している人が「汝（＝お前）」に向かって発言していることに注意。素直に考えると、次の部分は「（お前はこの髻を）主人の髻だと思いなさい」と言っていることになる。

③は可能。この「べからず」のように、「べし」を下の語が打ち消すと可能の意味でよく出題される。問題で「べし」が打消文中に出ていたら、まず可能から考えてみるとよい。

11 次の傍線部の助動詞の意味を、ア〜オから選んで答えよ。

① 唐《から》の物は、薬のほかは、なくとも事欠くまじ。（徒然草）
中国からの輸入品は、薬の他は、なくても不便はないだろう。

② 妻《め》といふものこそ、男《をのこ》の持つまじきものなれ。（徒然草）
妻というものは、男は持つべきではないものだ。

ア 打消推量　イ 禁止　ウ 不可能
エ 打消当然　オ 打消意志

①	②
ア	エ

11 「まじ」の意味を確認する問題

「まじ」は入試での出題頻度が低い。現代語訳の問題がたまにあるから、大まかな意味と、「まじ」が「べし」の打消であることを知っていればこと足りるだろう。

「まじ」が出たら、まず「〜まい」と訳してみる。これが当てはまれば打消推量か打消意志である。主語が一人称なら打消意志。それ以外は打消推量。

① 「なくても事欠くまい」と訳してもおかしくはない。「私は…」ということではなく、一般論のようなので打消推量と見る。

② 「〜まい」では無理がある。そんなときは、「〜べきでない」と訳してみる。「まじ」は「べし」を打ち消したもの、つまり「べし＋ず」なのだから、「べきでない」という訳が当てはまることは多いはずだ。「男は妻など持つべきでない」。これで訳せたら、打消当然。

以上の二つで片付かなかった場合は、禁止や不可能を考えてみる。しかし、普段長文を読むときには、そこまで考えなければならないことはほとんどないだろう。

5 練習問題（助動詞 まし・まほし・たし・なり・めり・らし・ごとし）

問題は本冊52ページ

解答

1 次の空欄に正しい語を入れよ。

① 鏡に色・形あら□ば、映らざらまし。（徒然草）

もし鏡に色や形があったならば、ものの姿は映らなかっただろうに。

② 世の中にたえて桜のなかり□ば春の心はのどけからまし（古今和歌集）

もし世の中に全く桜というものがなかったならば、春の人の心はのどかなものであっただろうに。

①	ましか
②	せ

2 次の傍線部を、助動詞の用法に注意して現代語訳せよ。

① いつはりのなき世なりせばいかばかり人の言の葉うれしからまし（古今和歌集）

＊「人」…「あなた」と訳す。

解説

1 反実仮想の構文を確認する問題

反実仮想は「Aましかば、Bまし」「Aませば、Bまし」「Aせば、Bまし」が代表的な三つの形である。入試問題ではこのような空欄補充の問題がもっとも多い。

①の場合、「鏡に色・形あら□ば、映らざらまし」だから、「ましか」か「ませ」か「せ」が入る。このうち、「ましか」が正解で、他がダメなのは単純な理由による。「ませ」と「せ」は和歌でしか使わないからだ。一目見るとわかるが、①は和歌ではない。したがって、解答は「ましか」以外には不可となる。

②今度は和歌だが、和歌の場合は「ましか」でも「ませ」でも「せ」でもかまわない。三択になるからたいへんのようだが、実は見かけ倒しだ。和歌には「五・七・五・七・七」という定型があるので、字数を数えると簡単にどれがいいかがわかる。「なかり□ば」は五音でないといけないから、空欄は一音の「せ」しかない。

2 「まし」「まほし」の現代語訳の練習問題

①は「AせばBまし」だから、反実仮想の用法。「もしAだったならば、Bだっただろうに」という基本の枠組みに当てはめれば、解答は容易だと思う。

もし嘘《うそ》というものがない世の中であったならば、どんなにかあなたの言葉がうれしかったろうに。

② これに何を書かまし。（枕草子）

これに何を書こうかしら。

③ おのが行かまほしき所へ往《い》ぬ。（竹取物語）

自分が行きたい所へ行ってしまった。

①	②	③
もし嘘というものがない世の中であったならば、どんなにかあなたの言葉がうれしかっただろうに。	何を書こうかしら	行きたい所

「いつはり」は「嘘《うそ》」。「世」の下の「なり」は断定の助動詞。「いかばかり」は「どんなにか」。「人」は和歌の中では「（歌の作者の）恋人や配偶者」の意味でよく使われる。この歌は「恋」の歌で、作者が恋人のもとに贈ったもの。だから「あなた」と訳す。「うれしから」はもちろん形容詞「うれし」の未然形である。

②は「まし」の上に「何」という疑問語があるから、「ためらいの意志」。「何を書こうかしら」と訳す。「何を書こうかな」「何を書いたものだろうか」でもよい。

「まし」の上にくる疑問語は大まかに二種類ある。一つは、現代語でいうと「いつ・どこ・だれ・なに・どのように」にあたるようなことば。もう一つは疑問の係助詞「や」である。たとえば「尼にやならまし」。これは「まし」の上に「や」があるので、ためらいの意志。「尼になろうかしら」と訳す。

③「まほし」については、希望の助動詞で「〜たい・〜てほしい」と訳し、活用が形容詞型だと知っていれば十分である。ただし、「あらまほし」の形だけは気を付けよう。これは「ありたい・あってほしい」と訳せるときは動詞＋希望の助動詞。「理想的だ」と訳せるときは形容詞である。

例 家居のつきづきしく、あらまほしきこそ、仮の宿りとは思へど、興あるものなれ。

訳 住居がその主人に似つかわしく、理想的なのは、この世に生きている間の一時的な住まいだとは思っても、興味深いものである。

この場合、「あらまほしき」を「あってほしい」と訳すと不自然である。不自然なら「あらまほし」で一語の形容詞とみる。

解答

3 次の傍線部の助動詞「なり」の意味（A）と活用形（B）を答えよ。

① 秋の月は限りなくめでたきものなり。（徒然草）
秋の月はこの上なくすばらしいものである。

② 駿河《するが》なる富士の高嶺《たかね》（万葉集）
駿河にある富士の高嶺

	A	B
①	断定	終止形
②	存在	連体形

4 次の傍線部の助動詞「なり」の意味（A）と活用形（B）を答えよ。

① 楫《かぢ》の音ぞほのかにすなる。（万葉集）
楫の音がほのかにしているようだ。

解説

3 **断定「なり」の意味を判別する問題**

①は名詞「もの」に付くから断定の助動詞。「。」の前で、係り結びも出ていないから終止形である。

②も名詞「駿河」に付くから断定だが、「駿河」が場所をあらわす名詞である点に注意したい。本冊48ページでもふれたように、存在の「なり」は場所（方向）をあらわす名詞に付くのが原則。大きくわけると、二つの形がある。まとめておこう。

> **◉存在の「なり」**
> 「場所」**なる**「名詞」
> 「場所」**なりける**「名詞」
> 例 **沖なる舟**　訳 沖にある船
> 沖なりける舟　沖にあった舟

「駿河なる富士の高嶺」は「場所なる名詞」の形に該当するから、解答は「存在」。「富士」という名詞（体言）の上にあるので連体形である。

4 **今度は伝聞推定「なり」の意味を判別する問題**

①はサ変動詞「す」の終止形に付くから伝聞推定。本冊でもふれたように、「音」を聞いている場合は推定にするのが原則。

伝聞推定の「なり」は「音《ね》あり」が語源といわれ、「こんな音がするから、～のようだ」という聴覚による推定をあらわす。たとえば、「外で衣《きぬ》

② また聞けば、侍従《じじゅう》の大納言の御女《むすめ》なくなり給ひぬなり。（更級日記）

また聞くところによると、侍従の大納言の御娘がお亡くなりになったそうだ。

	①	②
A	推定	伝聞
B	連体形	終止形

5 次の傍線部を「なり」の意味に注意して現代語訳せよ。

① 家なる妹《いも》。（万葉集）

家にいる妻。

② たたみをそよそよと踏みて、人来《く》なり。（十訓抄）

たたみの上を微《かす》かな音を立てながら踏み歩いて、人が来るようだ。

①	②
家にいる	来るようだ

擦《ず》れの音がするから、人が来たようだ」。「わんわんという音がするから、犬がいるようだ」。①の場合、室内にいる作者が楫の音を聞いて、「ほのかに楫の音がするようだ」と推定しているのである。もちろん、「音」がなくても推定になる例はあるが、初歩の間はそんな例外にはこだわらず、あくまでも「音があると推定」という原則にこだわってほしい。活用形は、係り結びで「ぞ」がかかってきているから、連体形。

②も「ぬ」が完了の助動詞の終止形だから、伝聞推定。こちらは文の中に「音」がないから伝聞と考える。冒頭に、「また聞けば」とあることも、この「なり」が伝聞であることを裏付けている。活用形は、「。」の前で係り結びもないから、終止形。

5 「なり」の意味判別について理解を深めるための問題

①は名詞「家」に付くから、「なる」は断定の助動詞。「場所なる名詞」の形なので、「存在」でとる。「なる」の下にある名詞「妹」は「妻」という意味の古語。存在は「～にある」と訳すが、この場合は「家にある妻」ではおかしいので、「家にいる妻」にする。

②はカ行変格活用の終止形「く」に付くから、「なり」は伝聞推定。前に「そよそよ」という音があるから、推定と考える。

解答

6 次の傍線部の助動詞「なり」が、断定・存在の意味をもつものならA、伝聞推定の意味をもつものならBと答えよ。

① 男もすなる日記といふものを女もしてみむとてするなり。（土佐日記）
男も書くとかいう日記というものを、女もしてみようと思って書くのである。

② 妻戸を、やはら、かい放つ音すなり。（堤中納言物語）
開き戸をそっと開け放つ音がするようだ。

③ 信濃《しなの》にあんなる木曽路川《きそぢがは》。（平家物語）
信濃にあるとかいう木曽路川。

④ 神代《かみよ》より世にあることを記しおきけるななり。（源氏物語）
（物語というものは）神代から世に起こったことを記しておいたものだそうだ。

①	②	③	④
A	B	B	B

解説

6 断定・存在の「なり」と伝聞推定の「なり」を識別する問題

①はサ行変格活用の動詞「す」の連体形「する」に付いているから、断定。

②は同じサ行変格活用でも終止形「す」に付くから、伝聞推定。

③は上の「ある」が「あん」のように撥音便《はつおんびん》になっている。④は「なる（断定の助動詞）」が「なん」と撥音便になった上に、「ん」を書かない無表記の形。これでは何形に付いているのかわからないが、次のことを記憶しておくと便利である。

●撥音便・撥音便無表記に付く「なり」

(1) 撥音便（ん）＋なり … 伝聞推定
例 あんなり
なんなり

(2) 撥音便無表記（ア段音）＋なり … 伝聞推定
例 あ(a)なり
な(na)なり

③は「あんなる」で、「なり」が「ん」に付くから、伝聞推定。「ん」につく「なり」は100パーセント伝聞推定と覚えておこう。

④は「な(na)なり」で、「なり」が「a段音」に付くから、伝聞推定。「a段音」に付く「なり」も100パーセント伝聞推定と覚えておこう。

7 **次の各文中から断定の助動詞を抜き出し（A）、その活用形を答えよ（B）。**

① 世には、心得ぬことの多きなり。（徒然草）
世間にはわけのわからないことが多いものだ。

② おのが身はこの国の人にもあらず。（竹取物語）
私はこの世界の人間ではない。

③ まだ、いと下﨟《げらふ》に侍《はべ》りし時、あはれと思ふ人侍りき。（源氏物語）
まだたいそう低い身分でございました時、いとしいと思う人がございました。

	A	B
①	なり	終止形
②	に	連用形
③	に	連用形

7 **断定の「なり」の理解を深める問題**

①は「多きなり」の「なり」が、形容詞「多し」の連体形に付いている。したがって「なり」は断定。「。」の上だから終止形である。

②は「に」が断定の助動詞「なり」の連用形。本冊48ページの「ここがポイント！」でもふれたように、断定の連用形「に」は、「に＋あり」の形であらわれるのが原則である。「に」と「あり」の間に、助詞がはさまっていることが多い。

◉「に」が断定になる場合Ⅰ

に・あり

例 花にこそあれ。訳 花である。
花にやあらむ。花であろうか。

また、③の「に侍り」のように、「に」の下にくる「あり」が敬語になっている場合もある。

◉「に」が断定になる場合Ⅱ

(1) に・侍り（候ふ）

例 花にて侍り。訳 花でございます。
花にて候ふ。花でございます。

(2) に・おはす（おはします）

例 僧にておはす。訳 僧でいらっしゃる。
帝にておはします。天皇でいらっしゃる。

③は(1)の場合にあたる。

解答

8 **次の傍線部を現代語訳せよ。**

① 山陰の暗がりたる所を見れば、蛍はおどろくまで照らすめり。（蜻蛉日記）

山陰の暗がりになっている所を見ると、蛍はこちらがはっとするほど照らしているようだ。

② 大道、直きこと、髪のごとし。（洛陽道）

大通りがまっすぐであることは、髪の毛のようだ。

①	②
照らしているようだ（照らすようだ）	髪の毛のようだ

解説

8 **「めり」と「ごとし」の意味を確認する問題**

まず①。「めり」は「見あり」が語源といわれ、「見たところ、〜のようだ」という意味をもつ。①は、「見たところ、蛍がはっとするほど照らしているようだ」。見た目を問題にするので、視覚による推定と言われることもある。

②の「ごとし」は比況の助動詞。「比況」は「比喩」と同じで、あるものを他のものにたとえること。②は「大道（大通り）」を、ぴんと引っぱった「髪の毛」にたとえている。

9 次の和歌を読み、説明文の空欄をうめよ。

夕されば衣手寒しみよしのの吉野の山にみ雪降るらし

（古今和歌集）

「夕《ゆふ》されば」は［①］という意味。「衣手」は「袖」という意味である。「みよしのの吉野の山」は単に「吉野山」と訳し、「み雪」も「雪」と訳せばよい。この和歌の意味は「［①］袖が寒い。吉野山に雪が［②］」ということになる。

助動詞「らし」の意味は根拠のある推定で、この例のようにもっぱら［③］の中で用いる。この歌では「みよしのの吉野の山にみ雪降るらし」というのが推定する内容。「夕されば衣手寒し」というのが、推定の根拠となっている。だから、根拠のある推定というのである。

①	②	③
夕方になると	降っているらしい	和歌

---

9 「らし」の用法を確認する問題

「らし」は和歌で用いる「推定」の助動詞であるということ。それから、「〜らしい」と訳すということ。この二点をおさえておけば十分である。「夕されば」は頻出の熟語。「夕方になると」と訳す。「春されば」「秋されば」「冬されば」などということもある。

6 練習問題（格助詞・接続助詞）

問題は本冊58ページ

解答

1 次の傍線部「の」の用法として適当なものを、ア～オから選べ。

① 山の端《は》に日の｜かかるほど、住吉の浦を過ぐ。（更級日記）
山の端に日がかかるころ、住吉の浦を通り過ぎる。

② 初心の｜人、二つの矢を持つことなかれ。（徒然草）
（弓を射ることが）初めての人は、（気がゆるむので）二つの矢を持ってはならない。

③ この国の博士どもが書けるものも、古《いにしへ》の｜は、あはれなること多かり。（徒然草）
この国の学者たちが書いたものも、昔のものは、しみじみ趣の深いものが多い。

④ 葵《あふひ》の｜小さきもいとうつくし。（枕草子）
小さい葵もたいそうかわいらしい。

ア 連体格　イ 準体格　ウ 主格
エ 同格　オ 連用格

①	②	③	④
ウ	ア	イ	エ

解説

1 「の」の用法をマスターする問題

①のように「の」が用言にかかっていくものを主格という。「日のかかる」で「日がかかる」と訳せる。

②のように「の」が体言にかかっていくものを連体格という。連体修飾格と呼ぶこともある。

③のように「の」の下に体言が補えるものが準体格。上の「書けるもの」を受けて、「古の」のあとには「もの」という体言を補える。

④のように「体言＋の＋連体形（体言）」の形を同格という。「小さき」は形容詞「小さし」の連体形なので、「葵の小さき（葵）」と考えよう。「葵で小さい葵もたいそうかわいらしい」と訳してもよいし、「小さい葵もたいそうかわいらしい」と下からひっくり返して訳してもよい。

2 次の傍線部を、格助詞「の」の用法に注意して現代語訳せよ。

① 草の花はなでしこ。唐《から》のはさらなり。大和のもいとめでたし。（枕草子）
草花はなでしこがすばらしい。中国のなでしこはいうまでもない。日本のなでしこもすばらしい。

② 夜ひと夜、庵《いほり》の上に、柿の落ちかかりたるを人々拾ひなどす。（更級日記）
一晩中、小屋の上に、落ちかかっている柿を人々が拾うなどする。

③ 中将、例のうなづく。（源氏物語）
中将が、いつものようにうなずいている。

④ 夏の野の茂みに咲ける姫百合の知らえぬ恋は苦しきものそ（万葉集）
夏の野の茂みに人知れず咲いている姫百合のように、人に知られない恋は苦しいものだよ。
＊「知らえぬ」…「知られぬ」と同じ。「え」は奈良時代の受身の助動詞。

①	日本のなでしこ（日本のもの）
②	落ちかかっている柿を
③	いつものように
④	姫百合のように

2 「の」の用法の理解を深める問題

①は準体格。前にある「なでしこ」という名詞を「の」の下に補って訳す。入試では、「の」の下にどんな名詞を入れるかを問うことが多い。直前を探すと見つかる。「唐の」の「の」も同様に準体格の「の」。

②は同格。「たる」は、完了の助動詞「たり」の連体形。その下に「柿」が補える。「柿の落ちかかりたる（柿）」。「柿で落ちかかっている柿を」と訳してもいいし、「落ちかかっている柿を」と下からひっくり返して訳してもいい。

③は連用格。連用格の「の」がふつうの文章にあらわれるのは「例の」だけと考えてよい。「例の」で「いつものように」。

④はやはり連用格（比喩）。この用法は基本的に和歌で使われることが多い。ふつう、次の位置にあらわれる。

五		七		五		七	七
―	の	―	の	―	の	―	―
初句		二句		三句		四句	結句

初句、二句、三句の末尾。この位置に「の」が出たら、「〜のように」ではないかと疑ってみること。もちろん、ここに出た「の」がすべて比喩とは限らないから、「〜のように」と訳してみてから決めること。

解答

3 **次の傍線部を、格助詞「より」の用法に注意して現代語訳せよ。**

① ただ一人、かちより詣《まう》でけり。（徒然草）

たった一人で、徒歩でお参りをした。

② 草の葉を落つるより飛ぶ蛍かな（松尾芭蕉）

草の葉を落ちるとすぐに飛ぶ蛍だなあ。

①	徒歩で
②	落ちるとすぐに

解説

3 **「より」の現代語訳の要点をおさえる問題**

「より」の要所は、言い切ってしまえば、「手段・方法」と「即時」である。

①は「手段・方法」の「〜で」。この用法は「徒歩より」がいちばん多い。他には「馬より」「車より」など、移動交通手段をあらわす体言に付くのが原則。

②は「即時」。「〜するとすぐに」と訳しても、「〜するやいなや」と訳してもよい。活用語の連体形に付く「より」はまず「即時」から訳してみる。「〜するとすぐに」と訳しておかしければ、他の用法だと考える。ここは「草の葉を落ちるとすぐに飛ぶ」と訳してもおかしくないから「即時」で訳す。

4 **次の傍線部の格助詞「にて」の用法を、ア〜エから選べ。**

① 和泉式部《いづみしきぶ》、保昌《やすまさ》が妻《め》にて丹後へ下りけるほどに…。（十訓抄）
和泉式部が保昌の妻として丹後に下ったとき…。

② 物《もの》の怪《け》にて時々悩ませ給ふ。（源氏物語）
物の怪によって、時々病気におなりになる。

③ 田子の浦は波高くて、舟にて漕《こ》ぎめぐる。（更級日記）
田子の浦は波が高いので、舟でこぎまわる。

ア 場所・時　　イ 手段・方法
ウ 原因・理由　　エ 資格・状態

①	②	③
エ	ウ	イ

4 **格助詞「にて」の用法を整理する問題**

「にて」は平易なので、さらっと確認するといい。

まず①は「資格・状態」。「〜として」と訳す。この訳語を覚えておくこと。①の用例は、和泉式部が京から丹後に下ったが、下るについては「（丹後の地方長官だった）保昌の妻」という「資格・状態」で下った、という文脈である。

②は「原因・理由」。「悩ませ給ふ」の「悩む」は「病気になる」。「物の怪」が原因で、時々病気になったというのである。

③は一目瞭然。「舟」が移動交通手段をあらわすことばなので、「にて」の用法は「手段・方法」だと考える。

解答

5 **次の傍線部を、「ば」の用法に注意して現代語訳せよ。**

① 悪人のまねとて、人を殺さば、悪人なり。（徒然草）

悪人のまねだと言って、もし人を殺すならば、それは悪人である。

② それを見れば、三寸ばかりなる人、いとうつくしうて居たり。（竹取物語）

それを見ると、約三寸（約九センチ）ぐらいの人が、たいそうかわいらしい様子ですわっている。

③ このわたり海賊の恐りありといへば、神仏を祈る。（土佐日記）

この辺は海賊の（襲来の）恐れがあると言うので、神仏に祈る。

①	もし殺すならば
②	見ると
③	言うので

6 **次の傍線部「とも」と「ども」の用法を、ア～エから選べ。**

① 用ありて行きたりとも、そのこと果てなば、とく帰るべし。（徒然草）

たとえ用があって行ったとしても、その用事がすんだら、すぐに帰るのがよい。

② 文を書きてやれども、返りごともせず。（竹取物語）

解説

5 **「ば」の用法を確認する問題**

「ば」は基本的に①から③の用法を知っていれば問題ないだろう。

①は「未然形＋ば」なので順接仮定条件。「もし～ならば」と訳す。「もし殺すならば」をサンプル解答にしたが、「もし」を省いて、「殺すなら」とか「殺したら」でもよい。

②と③は「已然形＋ば」なので順接確定条件。本冊56ページにまとめたように、順接確定条件は用法が三つあるが、ふだん長文を読むときは「～ので・～から（原因・理由）」と「～ところ・～と（偶然）」の二つが出てくるものと思えばいい。なんでもかんでも「～ので・～から」と訳して、不自然なら「～ところ・～と」にするのである。

②は「それを見るので、三寸ぐらいの人が、たいそうかわいらしい様子ですわっている」ではおかしいので、「～ところ・～と（偶然）」にする。

③は「海賊の恐れがあると言うので、神仏に祈る」でおかしくないから、「原因・理由」の用法である。

6 **「とも」と「ども」の用法を確認する問題**

①の「とも」は上に終止形がきて逆接仮定条件「たとえ～としても」。

②の「ども」は上に已然形がきて逆接確定条件「～けれども」。それだけの問題だが、「ども」については少し付け加えをしておく。

「ども」の同義語に「ど」がある。「ども」の「も」が落ちたものだが、使い方は「ども」とほとんど同じと考えてよい。接続も已然形である。

手紙を書いて出すけれども、返事をしない。

ア　順接仮定条件　　イ　順接確定条件
ウ　逆接仮定条件　　エ　逆接確定条件

①	②
ウ	エ

7 次の傍線部を現代語訳せよ。

① 山桃の日かげと知らで通りけり　（前田普羅）

山桃のつくる日陰とも知らないで通ったよ。

② 都出でて君に逢《あ》はむと来しものを来しかひもなく別れぬるかな　（土佐日記）

都を出てあなたに逢おうと思って来たのに、来たかいもなく別れてしまったことですね。

①	②
知らないで	来たのに

7 接続助詞「で」と「ものを」の意味を確認する問題

①未然形に付く「で」は打消接続の接続助詞。「〜ないで」とか「〜なくて」と訳す。「知らないで」または、「知らなくて」でもよい。②頭に「もの」のつく接続助詞は、逆接が原則である。②は「あなたに逢おうと思って（都を出て）来た」、しかし、「来たかいもなく別れてしまった」という逆接の文脈。「来しものを」の「し」が過去の助動詞「き」の連体形なので、「来たのに」「来たが」あるいは「来たけれど」と訳す。

7 練習問題（係助詞・副助詞・終助詞）

問題は本冊66ページ

解答

1 次の（　）の中の語を正しく活用させよ。

① いづれの山か天に（近し）。（竹取物語）
どの山が天に近いか。

② 五月待つ花橘《はなたちばな》の香《か》をかげば昔の人の袖の香ぞ（す）（古今和歌集）
五月になるのを待って咲く花橘の香りをかぐと、昔親しかった人の袖にたきしめた香のにおいがするよ。

③ よろづのことは、月見るにこそ、なぐさむもの（なり）。（徒然草）
すべてのことは、月を見ることで慰められるものである。

④ 竜の頸《くび》の玉をえ取らざりしかばなむ殿へもえ参らざり（き）。（竹取物語）
竜の首の玉を手に入れられなかったので、お邸《やしき》へも参上できなかったのだ。

①	②	③	④
近き	する	なれ	し

解説

1 係り結びの法則を確認する問題

①は形容詞「近し」。「山か」の「か」がかかってくるので、連体形にする。「近し」の連体形は、「近き」と「近かる」と二つあるが、補助活用の「近かる」は下に助動詞がないと使えないので、「近き」をとる。

②はサ行変格活用の動詞「す」。直前の「ぞ」がかかってくるので、連体形の「する」にする。

③は断定の助動詞「なり」。「こそ」の結びなので已然形の「なれ」にする。

④は過去の助動詞「き」。前の「なむ」がかかるので、結びは連体形の「し」にする。

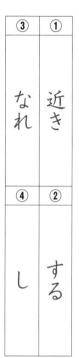

2 次の傍線部「こそ」の結びについて説明せよ。

たとひ耳鼻こそ切れ失すとも、命ばかりはなどか生きざらん。（徒然草）

たとえ耳と鼻が切れてなくなるとしても、命だけはどうして助からないことがあろうか、いや必ず助かるにちがいない。

「切れ失す」で結びが消滅している。

---

2 係り結びの消滅（流れ）を確認する問題

「こそ」の結びの語は「切れ失す」。だから本来は已然形で結んで「耳鼻こそ切れ失すれ。」となるはずだが、「切れ失す」の直後に接続助詞の「とも」が付いて、「。」が打てなくなっている。この「。」が打てなくなった現象を「係り結びが消滅した（流れた）」という。

これだけでわかった人は、この先は読まなくてもいい。ときどき、「この『こそ』の結びは文末なのではないですか？」という人がいる。そういう人のために、もう少しだけ説明を加えよう。

係助詞の結びを探すときは、係助詞の直前のことばが意味的にどこにかかるかを考える。「文末にかかる」と思いこんでいると、係り結びの消滅は見つけられない。たとえば、「梅こそ咲くに、鶯《うぐひす》は鳴かず」という短文があったとする。この「こそ」の結びを探すときは、「こそ」の直前の「梅」はどうなるのかな…と考える。「梅」はどうなるか？「梅」は「咲く」のである。「鳴かず」ではない。「梅」を受ける「咲く」が「こそ」の結びになるのである。

同じように、2の問題を考えてみよう。この「こそ」の結びを探すときは、「こそ」の直前の「耳鼻」に着目する。「耳鼻」はどうなるのかな、と考える。すると、「耳鼻」は「切れ失す〈切れてなくなる〉」ことがわかる。この「切れ失す」が「こそ」の結びになるのである。

解答

3 **次の各文は、傍線部の係助詞の結びが省略されている。補うべき結びの語として適切なものを、ア〜エから選べ（同じものを二度選ばないこと）。**

① 未練の狐《きつね》、化け損じけるにこそ。（徒然草）
未熟な狐が化け損じたのであろう。

② くちばみにさされたる人、かの草をもみて付けぬれば、すなはち癒《い》ゆとなむ。（徒然草）
まむしにかまれた人は、この草をもんで付けると、すぐに治るということだ。
＊「くちばみ」…蝮（まむし：毒をもったヘビの一種）

③ あやし。ひが耳にや。（源氏物語）
変だなあ。聞き間違いだろうか。

④ 京には見えぬ鳥なれば、皆人見知らず。渡守《わたしもり》に問ひければ、「これなむ都鳥」といふ…。（伊勢物語）
都では見かけない鳥なので、誰も知らない。船頭にきくと、「これが都鳥です」と言う…。

ア 言ふ　イ あらむ　ウ あらめ　エ なる

①	②	③	④
ウ	ア	イ	エ

解説

3 **係り結びの省略を補う問題**

①は「にこそ」だから已然形の結びの**ウ**「あらめ」。「にこそあらめ」で「〜であろう」という意味になる。「未熟な狐が化け損じたのであろう」という訳になる。

②は「となむ」だから**ア**「言ふ」。「となむ言ふ」で「〜という（ことだ）」という意味。「すなはち癒ゆとなむ言ふ」で、「すぐに治るということだ」という訳になる。

③は「にや」だから**イ**「あらむ」。「にやあらむ」で「〜であろうか」という意味になる。「にや・にか（あらむ）」の形が最も重要だ。

④は最後に残った**エ**「なる」。これは覚えておく形に入っていないので、文脈を確認しておこう。④ではまず人々の知らない鳥が出てくる。何の鳥だかわからないので、人々が土地の船頭にきくと、その船頭が、「これなむ都鳥…」と答えるのである。この「…」という省略部分に「なる」を補うと「これなむ都鳥なる」。「なる」は断定の助動詞「なり」の連体形だから、「これが（有名な）都鳥です」と答えたことになる。話の流れとしておかしくないので、**エ**の「なる」が正解と見る。

4 次の傍線部を、係助詞の用法に注意して現代語訳せよ。

① 花はさかりに、月はくまなきをのみ見るものかは。（徒然草）

桜の花は満開のものだけを、月は影もなく照りわたっているのだけを見るものか、いや見るものではない。

② 門よく鎖《さ》してよ。雨もぞ降る。（徒然草）

門をしっかり閉めよ。雨が降っては大変だ。

③ 中垣こそあれ、一つ家のやうなれば、望みて預かれるなり。（土佐日記）

中垣はあるけれど、同じ家のようなものなので、先方が望んで預かったのである。

*「中垣」…隣家とのへだての垣根。

①	見るものか、いや見るものではない
②	雨が降っては大変だ
③	中垣はあるけれど

---

4 訳に気を付けなければいけない係り結びの確認

①は「反語」。「や」と「か」の係り結びについては、疑問（〜か）になるか反語（〜か、いや〜ない）になるかは文脈判断だが、「やは」「かは」になると、ぐんと反語が多くなる。反語の形をここでまとめておこう。

◉反語になりやすい形

(1)**「やは・かは」**…ほとんど反語
例 見るものかは。
訳 見るものか、いや見るものではない。

(2)**「疑問語＋か」**…ほとんど反語
例 誰か言ふ。
訳 誰が言うか、いや誰も言わない。

(3)**「めや・らめや」**…すべて反語
例 我忘れめや。
訳 私は忘れるだろうか、いや忘れない。

このうち、「やは」「かは」を目にする機会がいちばん多いに違いないので注意しよう。

②は「もぞ」だから、「危惧」。「雨が降っては困る」と訳してもよい。

③は「こそ→已然形」で文が終わっていないから、「逆接」。「中垣」は注があるので、そのまま訳しておけばいい。

解答

5 次の傍線部を、副助詞に注意して現代語訳せよ。

① 昇らむをだに見送り給へ。 （竹取物語）

せめて（月へ）昇っていくところだけでもお見送りください。

② 深山《み》には松の雪だに消えなくに都は野辺の若菜摘みけり （古今和歌集）

奥深い山の中では松の雪さえも消えないのに、都では早くも野辺の若菜を摘んでいることだ。

③ 世になく清らなる玉の男御子《をのこみこ》さへ生まれ給ひぬ。 （源氏物語）

この世にまたとない清らかな玉のような皇子までもお生まれになった。

＊「男御子」…「皇子」と訳す。

④ 人の亡きあとばかり悲しきはなし。 （徒然草）

人が死んだあとほど悲しいものはない。

①	せめて昇っていくところだけでも
②	松の雪さえも
③	清らかな玉のような皇子までも
④	人が死んだあとほど

解説

5 副助詞の意味を確認する問題

文中に「だに」があるときには、つづきの文に注意する。「命令・願望・意志・仮定」があれば、限定。なければ、類推。意味を識別したあとは、念のため現代語に訳し、文意が通るかどうか確認する習慣をつけておこう。

①「だに」につづく文は「給へ」。これはハ行四段活用「給ふ」の命令形なので、「だに」は限定。「せめて～だけでも」と訳す。また、「昇らむ」の「む」の下に「を」と助詞が続いていることにも着目しよう。「む」は婉曲「～ような」である。

②「だに」につづく文に「命令・願望・意志・仮定」はないので、「だに」は類推。「～さえ」と訳す。類推の場合、「だに」を受ける語は打消・反語の表現であることが多いので、「だに」よりあとの文章もきちんと確認しよう。ここでも「消えなくに」と続いており、打消の意味の「なし」がある。

③「さへ」は「～までも」と訳す。「添《そ》へ」からできた語であるとも言われており、添加（すでにあることがらの上に、さらに他のことがらが付け加わること）であることを覚えておこう。

④「ばかり」は程度を示す「～ほど」や、限定を示す「～だけ」と訳す。両方の訳をあてはめてみて、意味の通じやすい方を選ぶ。ここでは「人が死んだあとほど」と程度の意味でとらえる。

6 次の空欄に適切な願望の終助詞を、ア～ウから選んで答えよ。

① 行くすゑに、この御堂の草木となり□。（大鏡）

将来（来世）には、この御堂の草木となりたいものだ。

② 年のつもりたらん人□。（増鏡）

年老いた人がいればよいなあ。

③ 「思ひわづらひ侍《はべ》るに、此《こ》のよしを申さ□。」（住吉物語）

「思い悩んでいますので、このことを申し上げたい。」

ア ばや　イ てしがな　ウ もがな

①	②	③
イ	ウ	ア

6 願望の終助詞の接続の理解を確認する問題

願望の終助詞は、現代語訳を覚えておくことと、接続の違いを認識しておくことが大切である。

選択肢の三つの終助詞について、まず確認しておこう。

「ばや」は自己の願望をあらわし、未然形に接続する。

「てしがな」は同じく自己の願望をあらわし、連用形に接続する。

「もがな」は実現するのが難しいと考えられることがらに対する願望をあらわし、体言か形容詞の連用形に接続する。

①直前の「なり」は四段活用動詞「なる」の連用形。動詞の連用形に接続するのはこの三つの中ではイの「てしがな」のみ。

②直前の「人」は体言。体言に接続するのは、ウの「もがな」。

③直前の「申さ」は四段活用動詞「申す」の未然形。未然形接続の終助詞はこの三つの中ではアの「ばや」のみである。

解答

7 **次の各文の傍線部を、終助詞に注意して現代語訳せよ。**

① いかで鳥の声もせざらむ山にこもりにしがな。（うつほ物語）
なんとかして鳥の声もしないような山にこもりたいものだなあ。

② いつしか梅咲かなむ。（更級日記）
はやく梅の花が咲いてほしい。

③ あやまちすな。心しておりよ。（徒然草）
失敗するな。用心して降りろ。

①	こもりたいものだなあ
②	梅の花が咲いてほしい
③	失敗するな

解説

7 **終助詞の意味のちがいを確認する問題**

①「にしがな」は、自己の願望をあらわし、「〜たいものだなあ」と訳す。

②「なむ」は他者に対する願望をあらわし、「〜てほしい」と訳す。識別問題でもよく出題されるので、未然形に接続することをしっかり覚えておこう。

③「あやまちす」はサ変複合動詞で「失敗する」の意。「な」は禁止をあらわす。「〜するな」と訳す。同じく禁止をあらわす「な〜そ（〜してくれるな）」よりも、きびしい制止である。

8 練習問題（敬語）

問題は本冊76ページ

解答

1 次の傍線部の敬語が本動詞であれば1、補助動詞であれば2と答え（A）、あわせて敬語の種類も答えよ（B）。

① さまたげ参らすべきことならず。（讃岐典侍日記）
さまたげ申し上げるべきことではない。

② これを聞きて、かぐや姫、すこしあはれとおぼしけり。（竹取物語）
これを聞いて、かぐや姫はすこしかわいそうだとお思いになった。

③ 御琴ども教へきこえたまふ。（源氏物語）
御琴などを教え申し上げなさる。

④ みそかに人のとりて見せはべりし。（紫式部日記）
こっそりと人がとって見せました。

⑤ わらひののしるを、うへにも聞こし召して、わたりおはしましたり。（枕草子） *「うへにも」…「帝におかれても」と訳す。
（女房たちが）笑い騒ぐのを、帝におかれてもお聞きになって、お越しになった。

	A	B
①	2	謙譲語
②	1	尊敬語
③	2	謙譲語

解説

1 **敬語の品詞を見分ける問題**

敬語の直前に用言（動詞・形容詞・形容動詞）か助動詞があれば補助動詞、なければ本動詞である。

①「参らす」には本動詞と補助動詞があるが、この場合は「参らす」の前に「さまたぐ」という動詞があるので、補助動詞。謙譲語で、訳は「（お）〜申し上げる」。よく似た形の「参る」には補助動詞はないので、覚えておこう。

②「おぼす（思す）」は、本動詞。「思ふ」の尊敬語で、意味は「お思いになる」。「思す」には補助動詞はない。

③「きこゆ」は謙譲語で、本動詞と補助動詞がある。直前に「教ふ」という動詞があるので、これは補助動詞で、訳は「（お）〜申し上げる」。

④「はべり」には本動詞と補助動詞がある。ここでは「はべり」の直前に「見す」という動詞があるので、補助動詞。「はべり」「さぶらふ」が補助動詞の場合は必ず丁寧語になる。訳は「〜ます」。

⑤「聞こし召す」は尊敬語。本動詞しかない。「お聞きになる」と訳す。

	④	⑤
A	2	1
B	丁寧語	尊敬語

2 次の傍線部の敬語の種類を答え（A）、現代語訳として正しいものをア～エから選べ（B）。

① 「いまさらに、な大殿ごもりおはしましそ」（枕草子）

「いまさら、おやすみになりなさいますな」

② 紙たてまつり給へば、はぢらひて書きたまふ。（源氏物語）

紙を差し上げなさると、恥ずかしそうにお書きになる。

③ 御門《みかど》の召してのたまはんこと、かしこしとも思はず。（竹取物語）

天皇がお呼びになっておっしゃるようなことは、畏れ多いとも思わない。

④ このむすめのありさま、問はず語りに聞こゆ。（源氏物語）

この娘の様子を、聞かれもしないままに申し上げる。

〈現代語訳〉

ア おやすみになる　イ おっしゃる

ウ 申し上げる　エ 差し上げる

	A	B
①	尊敬語	ア
②	謙譲語	エ
③	尊敬語	イ
④	謙譲語	ウ

2 敬語動詞の訳を確認する問題

①「大殿ごもる」は「寝《ぬ》」の尊敬語。「おやすみになる」という意味。

②「たてまつる」は尊敬語にも謙譲語にもあるので、文脈で判断する。「たてまつる」が尊敬語の場合は、「召し上がる（飲む・食ふ）」「お召しになる（着る）」「お乗りになる（乗る）」と訳す。謙譲語の場合は「差し上げる」となる。この場合、「紙を」「たてまつる」ので、この「たてまつる」は「与ふ」の謙譲語で「差し上げる」という意味だと判断する。

③「のたまふ」は「言ふ」の尊敬語で「おっしゃる」という意味。

④「聞こゆ」は謙譲語で、本動詞「申し上げる」と補助動詞「（お）～申し上げる」がある。この文では「聞こゆ」の直前に動詞がないので、本動詞だとわかる。ほかに「お手紙を差し上げる」という意味もあるので、あわせて覚えておこう。

解答

3 次の傍線部の敬語が本動詞ならば1、補助動詞ならば2と答え（A）、あわせて敬語の種類も答えよ（B）。

① さりとも、見つくる折も侍《はべ》らむ。（枕草子）
それでも、見つけるときもございましょう。

② いかなる所にか、この木はさぶらひけむ。（竹取物語）
どのような所にこの木はございましたのでしょうか。

③ かの、白く咲けるをなむ、夕顔と申し侍る。（源氏物語）
あの、白く咲いている花を夕顔と申します。

④ （親王に申し上げる）「こよひはここにさぶらはむ。」（伊勢物語）
「今夜はここでおそばにお仕えしましょう。」

	A	B
①	1	丁寧語
②	1	丁寧語
③	2	丁寧語
④	1	謙譲語

解説

3 **「侍り」「候ふ」の識別を確認する問題**

「侍り」「候ふ」の識別をするにはまず、本動詞、補助動詞を見分けることが大切である。「侍り」「候ふ」の直前の語の品詞を常に確認するよう心がけよう。「侍り」「候ふ」の前の用言・助動詞の有無を確認する。用言・助動詞があれば補助動詞、なければ本動詞である。また、「侍り」「候ふ」が補助動詞のときは必ず丁寧語である。

①「侍り」の直前の語は助詞の「も」なので、本動詞。本動詞は、謙譲語・丁寧語、どちらもあるので文脈から判断する。「侍らむ」の主語は「（見つくる）折」なので、人物ではないから「お仕えする」という意にはならない。そこで「ある」の丁寧語「ございます」と判断する。

②「さぶらふ」の直前の語は助詞の「は」なので本動詞。「さぶらふ」の主語が「木」なので丁寧語の「ございます」。

③「侍り」の直前の語は「申し」という動詞なので、これは補助動詞。丁寧語で「〜ます」。

④「さぶらふ」の直前の語「に」は助詞なので、本動詞。親王という貴人に「さぶらふ」ので「お仕えする」と訳す謙譲語と考える。

4 次の傍線部の敬語の種類を答え（A）、現代語訳として正しいものをア～オから選べ（B）。

① 「とどめたてまつりたるなり。」（大鏡）

「とどめ申し上げたのだ。」

② いみじく静かに、公に御文たてまつり給ふ。（竹取物語）

たいそうもの静かに、帝にお手紙を差し上げなさる。

③ 夜の明け果てぬ先に、御舟にたてまつれ。（源氏物語）

夜が明けきらないうちに、御舟にお乗りなさいませ。

〈現代語訳〉

ア 召し上がる　イ お召しになる
ウ 差し上げる　エ お乗りになる
オ ～申し上げる

	A	B
①	謙譲語	オ
②	謙譲語	ウ
③	尊敬語	エ

---

4 「奉る」の識別を確認する問題

「奉る」の識別をするときも、「侍り」「候ふ」と同じようにまずは本動詞か補助動詞かを確認する。

①「たてまつり」の直前の語は「とどむ」という動詞なので、補助動詞。「奉る」が補助動詞のときは、謙譲語でここでは「～申し上げる」。

②「たてまつり」の直前の語は「御文」という体言なので、「たてまつり」は本動詞。「奉る」が尊敬語の場合、「飲む」「食ふ」「着る」「乗る」の敬意表現となる。謙譲語の場合は、「与ふ」「遣る」。ここでは、「公（帝・天皇の意）」に手紙を差し出すという行為なので、謙譲語「差し上げる」という意味。

③「たてまつれ」の直前の語は「に」という助詞なので、本動詞。「御舟に」と乗り物が話題となっていることから、「乗る」の尊敬語で、「お乗りになる」という意味。

解答

5 次の傍線部の敬語は、尊敬語か謙譲語か答えよ。

① 子となりたまふべき人なめり。（竹取物語）
わが子におなりになるはずの人であるようだ。

② さては、もののあはれは知りたまはじ。（徒然草）
それでは、ものの情趣というものはおわかりにならないでしょう。

③ 「おほやけの御後見《うしろみ》をせさせむと思ひたまへしなり。」（源氏物語）
「朝廷の御後見をさせようと思っておりました。」

①	②	③
尊敬語	尊敬語	謙譲語

解説

5 「給ふ」の識別を確認する問題

「たまふ」が補助動詞のとき、尊敬語と謙譲語のどちらであるのか見分けなくてはならない。

謙譲語の「たまふ」は会話文・手紙文中でのみ用いられる。また「心の中で思っていること＝心話文」も会話文と同じように考える。そして「見る」「聞く」「思ふ」「知る」といった知覚や心理をあらわす動詞にしか付かない。また、下二段活用をする。尊敬語は四段活用である。

①直前に「見る」「聞く」「思ふ」「知る」がないので、尊敬語。また、下に終止形接続の「べし」があるので、「たまふ」は終止形であると判断できるが、謙譲語の「たまふ」は実際の文中では終止形であらわれることはまずないので、この点からも尊敬語であると判断できる。

②「たまは」の上に「知り」がきているので、活用の種類を確認する。「たまは」は四段活用の未然形なので、尊敬語。

③「たまへ」の上に「思ひ」があるので、活用の種類に注目する。「たまへ」は四段活用の已然形・命令形と、下二段活用の未然形・連用形に存在する。「たまへ」に続く語は「し（過去の助動詞「き」の連体形）」。「き」は連用形接続であることから、この「たまへ」は下二段活用の連用形で、謙譲語と判断できる。

6 次の傍線部を、敬語に注意して現代語訳せよ。

① ほかにて酒などまゐり、酔《ゑ》ひて、夜いたくふけて、ゆくりもなくものしたまへり。（大和物語）

ほかのところで酒などを召し上がり、酔って、夜がたいそうふけてから、突然訪問なさった。

② 親王に馬頭《むまのかみ》、大御酒《みき》まゐる。（伊勢物語）

親王に馬頭が、大御酒を差し上げる。

③ 神へまゐるこそ本意なれと思ひて、山までは見ず。（徒然草）

神へお参りすることが本来の目的であると思って、山までは見ない。

①	②	③
酒などを召し上がり	大御酒を差し上げる	神へお参りする

6 「参る」の訳を確認する問題

「参る」は本動詞しかないので、どの訳がいちばんぴったりとくるか、文脈判断によって意味を考えることが大切である。尊敬語のときは「召し上がる」。謙譲語のときは「参上する」「差し上げる」。

①「酒などまゐり」の結果、「酔ひて」とあるので、酒を「飲む」という動作をしたと考えるのが妥当。よって「召し上がる」＝尊敬語。

②目的語が「大御酒」なので、「召し上がる（尊敬語）」か「差し上げる（謙譲語）」かの判断に迷うかもしれない。この場合は、「親王に」と動作の受け手が明確に出ているので、「差し上げる」＝謙譲語。

③「神へ」とある文に続くものは「召し上がる」ではない。「差し上げる」としたときに、そのあとの「山までは見す」との関連がわからないし、「差し上げる」ものもわからない。よって、「行く・来」の動作であることがわかる。「神仏に詣でる、参詣する」＝謙譲語。

解答

7 **次の傍線部についての説明として、最も適当なものをア～エから選べ。**

昔、唐土《もろこし》に、玄宗と聞こゆる帝おはしましけり。その帝、楊貴《やうき》妃《ひ》をいみじくあはれなるものに思しめして、夜も昼もかたはらになむさぶらは①せたまひける。狩などせ②させたまふ折も、かたはらより去ら③せたまはず。

（比翼連理）

昔、中国に、玄宗と申し上げる帝がいらっしゃった。その帝は、楊貴妃をたいそういとしいものとお思いになって、夜も昼もおそばにお仕えさせなさった。狩などなさるときにも、おそばからお去らせにならない。

ア ①と③が二重尊敬　**イ** ②が二重尊敬

ウ ①と②が二重尊敬　**エ** すべて二重尊敬

イ

解説

7 **二重尊敬を識別する問題**

二重尊敬は尊敬語を重ねて二つ用いる形をとり、最高敬語ともいわれ、地の文に用いられて、帝・中宮など最高階級の人々の動作をあらわす。ただし、訳語はふつうの尊敬と同じ「お～になる」「～なさる」でよい。「せたまふ」「させたまふ」「しめたまふ」が代表的な形である。

さて、文中の①と③は「せたまふ」、②は「させたまふ」。登場人物として唐土の「帝」が出ており、この文章の①②③の主語はすべて「帝」のため形の上では二重尊敬に見える。だからといってすべてを二重尊敬だと決めつけてしまうわけにはいかない。助動詞「す」「さす」「しむ」のところで勉強したように、「せ」「させ」「しめ」は使役で使われているかもしれないからだ。

①の「さぶらはせたまひ」の「さぶらふ」は「お仕えする」。帝が「お仕えする」のはおかしいとわかると「（帝が楊貴妃を）夜も昼もそばに仕えさせた」という意味で「せ」は使役だと判断できる。③も「（帝が楊貴妃を）そばから去らせない」と訳すことができる。これも使役。②だけが帝が「狩りなどをなさる」と訳すことができ、二重尊敬になる。二重尊敬を識別する場合、「せたまふ」「させたまふ」「しめたまふ」が出たら「せ」「させ」「しめ」は使役かもしれないと疑う習慣を身に付けておこう。

8 次の傍線部の敬語の種類（A）と、敬意の方向（B）を答えよ。

① このことを、帝聞こしめして、竹取が家に御使ひつかはせたまふ。（竹取物語）
このことを帝がお聞きになって、竹取の翁の家にお使いをおつかわしになる。

② 世の人、「光る君」と聞こゆ。（源氏物語）
世の中の人は、「光る君」と申し上げる。

③ 相人「まことにその相おはします。」と（目の前の人に）申す。（徒然草）
（その）人相見が、「ほんとうにその相がおありです。」と申し上げる。
*「相人」…人相を見る人。人相見。

④ 昔、二条の后《きさき》に仕うまつる男ありけり。（伊勢物語）
昔、二条の后にお仕え申し上げる男がいた。

⑤ 翁《おきな》、皇子に申すやう、「いかなる所にか、この木は候ひけむ。」（竹取物語）
翁が皇子に申し上げることには、「どのような所に、この木はございましたでしょうか。」

	A	B
①	尊敬語	作者 → 帝
②	謙譲語	作者 → 光る君
③	尊敬語	相人 → 目の前の人
④	謙譲語	作者 → 二条の后
⑤	丁寧語	翁 → 皇子

8 敬意の方向を確認する問題

まずは誰からの敬意なのかを確認する。
①、②、④とも地の文なので、敬意はいずれも作者からとなる。
③、⑤は会話文中にある。会話文の場合、敬意は話し手からとなる。
次に誰への敬意かを考えるために、尊敬語・謙譲語・丁寧語を識別する必要がある。尊敬語は動作を行う人へ、謙譲語は動作を受ける人へ、丁寧語は聞き手・読み手への敬意である。

①「聞こしめす」は尊敬の動詞で「お聞きになる」。主語は「帝」である。地の文なので、ここでは、作者から「帝」への敬意となる。

②「聞こゆ」は「言ふ」の謙譲語で「申し上げる」。主語は「世の人」で、動作の受け手は「光る君」。地の文にある謙譲語なので作者から動作の受け手である「光る君」に対して敬意をあらわしている。

③「おはします」は「あり」の尊敬語で「おありになる」。会話文中にあるため、話し手からの敬意となる。ここでの話し手は「相人」。「相人」は目の前にいる人の人相を見て発言しているので「その相」が「おありになる」のは「目の前の人」となる。そのため、「相人」から「目の前の人」への敬意をあらわしている。

④「仕うまつる」は謙譲の本動詞で「お仕え申し上げる」。動作の受け手は「二条の后」。地の文であるため、作者から「二条の后」への敬意となる。

⑤「侍り・候ふ」は本動詞の場合、謙譲語と丁寧語があることに注意する。ここでは「候ひ」の主語は「木」なので「あり」の丁寧語であると判断できる。丁寧語は、多くは会話文中で用いられ、会話の内容に影響されずに「話し手から聞き手」への敬意を表す。ここでも、話し手である「翁」から、聞き手である「皇子」への敬意だと考えればよい。

9 練習問題（識別）

問題は本冊90ページ

解答

1 次の傍線部の助動詞の意味を答えよ。

① 翁《おきな》、竹を取ること、久しくなりぬ。（竹取物語）

翁は、竹を取ることが、長いこと続いた。

② 驚くほどの地震《なゐ》、二三十度ふらぬ日はなし。（方丈記）

驚くような地震が二三十度揺れない日はない。

③ 日数の早く過ぎぬる程ぞ、ものにも似ぬ。（徒然草）

日数の早く過ぎた様子は、どんなものにも似ていない。

④ 一人一人にあひたてまつり給ひね。（竹取物語）

どなたかお一人と結婚して差し上げなさいませ。

⑤ さらにこそ信ぜられね。（大鏡）

まったく信じることができない。

①	②	③	④	⑤
完了	打消	打消	完了	打消

解説

1 「ぬ」「ね」が完了か打消かを識別する問題

①「ぬ」の直前の「なり」はラ行四段活用「なる」の連用形。連用形に接続していること、「。」の上にあり終止形と判断できること、そのどちらかでも完了の助動詞「ぬ」とわかる。

②「ぬ」の直前の「ふら」はラ行四段活用「ふる」の未然形。未然形に接続していること、「日（＝体言）」の上にあり連体形と判断できること、そのどちらかでも打消の助動詞「ず」とわかる。

③「ぬ」の直前の「似」はナ行上一段活用「似る」。上一段動詞は未然形と連用形がともに「似」なので、接続から「ぬ」の意味を判断することはできない。このような場合は「ぬ」の活用を確認する。この文には係助詞「ぞ」があり「ぬ」はその結びで連体形。「ぬ」が連体形の場合は打消の助動詞「ず」である。

④「ね」の直前の「給ひ」はハ行四段活用の補助動詞「給ふ」の連用形。連用形に接続していること、「ね」は「。」の上で命令形と判断できること、そのどちらかでも完了の助動詞「ぬ」とわかる。

⑤「ね」の直前の「られ」は助動詞「らる」。「らる」は未然形と連用形がともに「られ」なので、接続から「ね」の意味を判断することはできない。このような場合は「ね」の活用を確認する。係助詞「こそ」があり「ね」はその結びで已然形。「ね」が已然形の場合は打消の助動詞「ず」である。

2 次の傍線部の説明として正しいものをア～ウから選べ。

① 今し、羽根といふ所に来ぬ。（土佐日記）
ちょうど今、羽根という所に来た。

② うち解けぬ遊びぐさ。（源氏物語）
くつろげない遊び相手。

③ 或《ある》は焔《ほのほ》にまぐれてたちまちに死ぬ。（方丈記）
ある人は炎に目がくらんで、一瞬にして死んでいく。

ア 完了の助動詞　イ 打消の助動詞　ウ 動詞の活用語尾

①	②	③
ア	イ	ウ

2 「ぬ」の品詞を確認する問題

①直前の「来」はカ行変格活用なので、未然形「来《こ》」であるのか、連用形「来《き》」であるのかの判別ができない。そこで「ぬ」の活用形に着目する。上に係助詞もなく、文末にあるので終止形。終止形の「ぬ」は完了の助動詞「ぬ」である。

②直前の「解く」はカ行下二段活用。未然形、連用形とも「解け」のため接続からは完了か打消かは判別できない。「ぬ」の直後にあるのが「遊びぐさ」という体言であることから「ぬ」は連体形であるとわかる。連体形の「ぬ」は打消の助動詞「ず」である。

③「死ぬ」はナ行変格活用。「死ぬ」で一語であり、この「ぬ」はナ変動詞の終止形の活用語尾。ナ変動詞は「死ぬ」「往《い》ぬ（去《い》ぬ）」の二語であることを確認しておこう。

解答

3 次の傍線部の語の意味（A）と活用形（B）を答えよ。

① みづからは、ましてものだにいはれず。（蜻蛉日記）
自分自身は、ましてものさえも言うことができない。

② いま一声呼ばれていらへむ。（宇治拾遺物語）
もう一度呼ばれてから返事をしよう。

③ 人にいとはれず、よろづ許されけり。（徒然草）
人に嫌われず、すべて許されていた。

④ かの大納言、いづれの舟にか乗らるべき。（大鏡）
あの大納言は、どの舟にお乗りになるおつもりか。

⑤ いづれかあはれはまされる。（平家物語）
どちらがしみじみとした感興がまさっているか。

	A	B
①	可能	未然形
②	受身	連用形
③	受身	未然形
④	尊敬	終止形
⑤	完了	連体形

解説

3 「る」「れ」の意味を識別する問題

①「いは（a）」はハ行四段活用「いふ」の未然形なので、「れ」は自発・可能・受身・尊敬の助動詞「る」。「れ」のあとに打消の助動詞「ず」があるので、ここでは未然形。「る」「らる」の下に打消があるときは可能になることが多い。そこで現代語訳をしてみて確認する。「言うことができない」で意味が通じるので、可能と判断する。

②「呼ば（a）」はバ行四段活用「呼ぶ」の未然形なので、「れ」は自発・可能・受身・尊敬の助動詞「る」。あとに続く語が「て」なので連用形。ここでは「れ」の上に心情をあらわす語がないので、自発ではない。尊敬語もなく、尊敬ではない。下に打消がなく可能ではない。

③「れ」の直前の語を確認すると、「いとは（a）」。これは、ハ行四段活用「いとふ」の未然形。四段活用の未然形に接続するのは、自発・可能・受身・尊敬の「る」。意味は「人に」があり受身と考えられるし、また「れず」と「れ」の下に打消「ず」があるので可能とも考えられる。そこで両方の訳をしてみて、不自然さのない方を意味として選ぶ。「人に嫌われることができない」の可能で訳すと不自然さが残る。「れ」の下には未然形接続の「ず」があるので、ここでの活用は未然形。

④「乗ら（a）」はラ行四段活用「乗る」の未然形。よって、自発・可能・受身・尊敬の助動詞「る」。あとに続く語が「べき」なので終止形。この文の主語は「大納言」で貴人なので尊敬の意味になる。

⑤「まされ（e）」はラ行四段活用「まさる」の已然形。四段活用の已然形に接続するのは、完了の助動詞「り」のみ。

4 次の傍線部の語の説明として正しいものをア～ウから選べ。

① 恋しからむをりをり、取り出でて見たまへ。（竹取物語）
恋しく思われるような折々、（手紙を）取り出して見てください。

② 君をおきて いづち行くらむ。（和泉式部日記）
あなたを残して、どこへ行くのだろう。

③ いかやうなる心ざしあらむ人にかあはむと思す。（竹取物語）
どのような意向があるような人と結婚しようとお思いですか。

④ 生けらんほどは武にほこるべからず。（徒然草）
生きているような間は武勇を誇ってはならない。

⑤ かく思ひ沈むさまを、心細しと思ふらむ。（源氏物語）
このように考え込む様子を、心細いと思っているだろう。

ア 現在推量の助動詞「らむ」
イ 完了の助動詞「り」と推量の助動詞「む」
ウ 単語の一部と助動詞「む」

①	②	③	④	⑤
ウ	ア	ウ	イ	ア

---

4 接続に着目し「らむ」を識別する問題

「らむ」の識別には、どの活用形に接続するのかを考えると同時に、どんな音の下に「らむ」があるのかに着目すればよい。終止形・ラ変型には連体形に接続するのが、現在推量「らむ」。これはu段音に接続すると言える。四段活用動詞の已然形とサ行変格活用動詞の未然形に接続するのは完了「り」未然形＋推量「む」。これはe段音に接続するということである。

また、「らむ」の直前の音が、u段・e段以外であれば、他の単語の一部＋助動詞「む」ということになる。

①は、「らむ」の上が「か（ka）」。「らむ」の直前の音が「u」でも「e」でもないので、単語の一部＋助動詞「む」とわかる。ここでは「恋しから」が形容詞「恋し」の未然形。

②は、「らむ」の上が「行く（ku）」。「行く」は、カ行四段活用の終止形である。よって、この「らむ」は現在推量。

③は「らむ」の上が、「あ（a）」なので単語の一部＋助動詞「む」である。ここでは、「あら」がラ行変格活用「あり」の未然形。

この文では「む」の下に「人」と体言があるので、「む」の意味は婉曲になる。

④は「らむ（らん）」の上が「生け（ke）」。「生け」は、カ行四段活用「生く」の已然形。四段活用の已然形に接続するのは完了の「り」なので、この「らむ（らん）」は完了「り」未然形と助動詞「む」の組み合わせである。ここでの「む（ん）」は下に体言があるので婉曲の意。

⑤は「らむ」の上が「思ふ（hu）」。「思ふ」は、ハ行四段活用の終止形なので、「らむ」は現在推量。

解答

5 次の傍線部を、例にならって文法的に説明せよ。

例 船路なれど、馬のはなむけす。（土佐日記）

船旅であるけれども、送別の宴をする。

断定の助動詞「なり」の已然形

① 心ばへは知らず、かたちは清げなり。（宇治拾遺物語）

気立てはわからないが、姿は美しい。

② この吹く風はよき方の風なり。（竹取物語）

この吹く風は、よい方向に吹く風である。

③ 火桶《ひをけ》の火も白き灰がちになりてわろし。（枕草子）

火鉢の火も白い灰が目立ってきて感心しない。

④ 笛をいとをかしく吹きすまして過ぎぬなり。（更級日記）

笛をたいそうすばらしく澄んだ音色で吹いて立ち去ってしまうようだ。

⑤ 御前なる獅子《しし》・狛犬《こまいぬ》。（徒然草）

（神殿の）御前にある獅子と狛犬。

⑥ 世の中に物語といふもののあんなるを、いかで見ばや。（更級日記）

世の中には物語というものがあるとかいうので、どうにかして見たいものだ。

① 形容動詞「清げなり」の終止形の活用語尾

解説

5 「なり」を識別する問題

①「なり」の上が「〜げ・〜やか・〜らか」とある場合は、形容動詞の可能性をまず考える。「清げなり」は「きれいだ・美しい」という状態・性質をあらわしているので形容動詞。「なり」はその活用語尾で終止形。

②「風」という体言に接続しているので、断定の助動詞「なり」の終止形。

③「灰がち」は「灰が多くなっている様子」のこと。ここは、火桶の火がそのような様子に「なる」、と訳すことのできる文。そこで、この「なり」はラ行四段活用の動詞「なる」の連用形であると考えることができる。またラ行四段活用は「ら／り／る／る／れ／れ」と活用するので、ここでの活用形は連用形。

④「なり」の直前の語「ぬ」は、未然形に接続した場合は打消の助動詞「ず」の連体形に、連用形に接続した場合は完了の助動詞「ぬ」の終止形となる。「ぬ」の直前の「過ぎ」はガ行上二段活用で未然形・連用形が同じため、活用形から識別できないので文脈から判断する。この場合「笛の音」という聴覚を根拠とした文意となるので、「なり」を推定の助動詞「なり」の終止形と考える。「なり」が推定なのだから、「ぬ」は完了で終止形である。これは難問。このような問題を解くことができるように、しっかり反復練習しておこう。

⑤「御前」という体言に接続しているので断定・存在の助動詞「なり」の連体形。また、「御前にある」と訳すことができるので、存在と判断する。

⑥直前が「あん」で撥音便《はつおんびん》なので、この「なる」は伝聞推定の助動詞

②	③	④	⑤	⑥
断定の助動詞「なり」の終止形	ラ行四段活用動詞「なる」の連用形	推定の助動詞「なり」の終止形	存在の助動詞「なり」の連体形	伝聞の助動詞「なり」の連体形

6 **次の傍線部の「に」は完了の助動詞か断定の助動詞か、答えよ。**

① 返しもえせずなりにき。（枕草子）

返歌もできなくなってしまった。

② 珍かなることに候ふ。（更級日記）

めったにないことでございます。

①	②
完了	断定

「なり」の連体形。「～んなり」とあったら、この「なり」は必ず伝聞推定なので、覚えておくと便利だ。

6 **助動詞の「に」を識別する問題**

断定と完了では接続がちがうことに着目しよう。主に体言や連体形に接続するのが断定。連用形に接続するのは完了である。

①直前の語を確認してみると、「なり」がラ行四段活用「なる」の連用形であり、接続からも「に」が完了であることがわかる。また「に」の下をみると「き」が続いていることからも、完了の助動詞「ぬ」の連用形とわかる。「にき」「にけり」の形は頻出するので覚えておこう。

②直前の「こと」は体言。体言＋「に」＋「候ふ」だから断定の助動詞「なり」の連用形。

解答

7 **次の傍線部の「に」は格助詞か接続助詞か、答えよ。**

① 昔、男、片田舎に住みけり。 （伊勢物語）
昔、男が片田舎に住んでいた。

② 琴の音ほのかに聞こゆるに、いみじううれしくなりてめぐる。 （堤中納言物語）
琴の音がかすかに聞こえてくるので、たいへんうれしくなって（その屋敷の周りを）巡り歩いた。

①	②
格助詞	接続助詞

8 **次の傍線部の「に」を、例にならって文法的に説明せよ。**

例 鳥、岩の上に集まりをり。 （土佐日記）
鳥が岩の上に集まってとまっている。

格助詞の「に」

① おのが身は、この国の人にもあらず。 （竹取物語）
私の身は、この人間世界の人でもありません。

② 舟こぞりて泣きにけり。 （伊勢物語）
舟に乗っている人たちは皆泣いたのであった。

解説

7 **助詞の「に」を識別する問題**

助詞「に」の識別は、体言に接続していたら格助詞。連体形接続の場合は、格助詞と接続助詞が考えられる。そのときは「に」の上に体言を補うことができれば格助詞、それ以外は接続助詞と考える。

①直前の「片田舎」は体言。体言に接続するのは格助詞。

②「に」の上の「聞こゆる」は連体形。「に」のあとに「、」があるので、まずは接続助詞を考えてみる。接続助詞の訳を当てはめてみると「聞こえてくるノデ、たいへんうれしくなり」と訳すことができるので、接続助詞でまちがいないと考える。

8 **「に」の識別の総合問題**

「に」は**6**で確認した断定の助動詞、完了の助動詞、**7**で確認した格助詞、接続助詞のほかに形容動詞ナリ活用の連用形の活用語尾、ナ変動詞の連用形の活用語尾、副詞の一部があったことを思い出しておこう。

①直前の「人」は体言。体言に接続するのは断定の助動詞か格助詞。「に」の下に「も」を挟むが、体言＋「に」＋「あり」なので断定の助動詞「なり」の連用形。断定「なり」の連用形は「にもあり」「にてあり」「にやあり」などの形で見られることが多いので覚えておこう。

②直前の「泣き」は「泣く」の連用形。連用形に接続する「に」は完了の助動詞「ぬ」の連用形だけ。また「に」のあとに「けり」があり、

③ はなやかにうれしげなるこそ、またあはれなれ。（徒然草）
にぎやかでうれしそうなのが、また趣深く感じられる。

④ 日暮れかかるに、なほ宿るべきところ遠し。（十六夜日記）
日は暮れかかっているのに、まだ宿る予定の所は遠い。

⑤ 病にて死にけり。（落窪物語）
病気で死んだそうだ。

⑥ げにただ人にはあらざりけり。（竹取物語）
なるほどふつうの人ではなかったのだなぁ。

①	断定の助動詞「なり」の連用形
②	完了の助動詞「ぬ」の連用形
③	形容動詞「はなやかなり」の連用形の活用語尾
④	接続助詞の「に」
⑤	ナ変動詞「死ぬ」の連用形の活用語尾
⑥	副詞「げに」の一部

連用形＋「に」＋助動詞「き・けり・たり・けむ」の形になっている。この形も完了「ぬ」の連用形でよく使用される形である。

③直前の「はなやか」に注目。「〜やか」「〜らか」「〜げ」の下の「に」は形容動詞の活用語尾。「に」は「はなやかなり」の連用形の活用語尾と考えられる。

④連体形に接続しているので、断定の助動詞か接続助詞、格助詞のどれか。「に」の直後に「、」があるので、接続助詞の可能性から考える。「日は暮れかかっているノニ」と接続助詞の訳をつけて不自然ではないので、接続助詞。

⑤直前に「死」があるので、ナ変動詞「死ぬ」の連用形活用語尾。

⑥「げに」とある。「げに」は「なるほど」「ほんとうに」と訳す副詞。よってこの「に」は副詞の一部である。

解答

9 次の傍線部の語を文法的に説明せよ。

① もと光る竹なむ一《ひと》すぢありける。（竹取物語）
根元の光る竹が一本あった。

② いつしかその日にならなむ。（枕草子）
早くその日になってほしい。

③ さやうのもの、なくてありなむ。（徒然草）
そのようなものは、ないほうがよいだろう。

④ もし賢女あらば、それも物うとくすさまじかりなむ。（徒然草）
もしも賢女がいるならば、それも親しみにくくきっと面白味はないだろう。

⑤ 願はくは花の下《もと》にて春死なむ　そのきさらぎの望月《もちづき》のころ（新古今集）
（私が）願うことは、桜の花の下で春に死のう（ということだ）。それも二月の満月の頃に。

①	②	③
強意の係助詞「なむ」	願望の終助詞「なむ」	完了の助動詞「ぬ」の未然形＋推量の助動詞「む」の終止形

解説

9 「なむ」の識別

「なむ」を識別するには接続に着目すればよい。未然形接続が（他者）願望の終助詞。連用形接続が完了の助動詞「ぬ」の未然形と推量の助動詞「む」が組み合わさったもの。未然形・連用形以外のものに接続するのが強意の係助詞である。

①「竹」という体言に接続している。体言に接続する「なむ」は強意の係助詞。文末が連体形で結ばれていることも確認しておこう。係助詞の「なむ」は強意なので、文から「なむ」を除いても、文意は変わらない。

②「なむ」の直前の語をみてみよう。「なら」は四段活用「なる」の未然形。未然形＋「なむ」は願望の終助詞の「なむ」。

③「あり」はラ変動詞「あり」の連用形。連用形＋「なむ」だから、完了の助動詞「ぬ」の未然形＋推量の助動詞「む」の終止形。上一段・下一段・上二段・下二段などのように、未然形と連用形が同じ形の場合は、文脈から判断する。

④「すさまじかり」は形容詞「すさまじ」の連用形。形容詞の本活用（○／く／し／き／けれ／○）の下には助動詞以外の品詞が、補助活用（から／かり／○／かる／○／かれ）の下には助動詞が続いていく、という原則を思い出そう。すると「〜かり」に接続するものは、助動詞。「なむ」が助動詞の場合、それは完了（強意）の助動詞「ぬ」の未然形＋推量の助動詞「む」の終止形のみ。

⑤「な」の上は「死」であることから、ナ変動詞「死ぬ」の未然形「死な」だとわかる。また、「な」の下の「む」は未然形接続の助動詞「む」なので、「死ぬ」の未然形「死な」＋「む」であることがわかる。「む」

④	完了の助動詞「ぬ」の未然形＋推量の助動詞「む」の終止形
⑤	ナ変動詞「死ぬ」の未然形活用語尾＋意志の助動詞「む」の終止形

の意味は「む」が文末にあることから推量・意志・勧誘（適か。これは五七五七七というリズムであること、上段の新古今集という出典から和歌だということに気づくと思う。和歌は基本的には自分自身の思いを詠むものだから、「願はくは花の下《もと》にて春死なむ」の主語は和歌を詠んだ人、つまり「私」が主語になる。一人称の主語のとき、「む」の意味は意志。「死なむ」で一度内容が終わる三句切れ、ここで文が終止したと考える。

ちなみに、この歌を詠んだ人物は西行法師。古文の中の有名人のひとり。今後、古文を学習する中で、何度か出会う人物だろう。歌の中の「きさらぎ」は旧暦の二月。望月は満月のことで一五日ごろの月。これは今の暦に当てはめると三月末ごろが満月にあたる。そのころ、西行の愛する桜は盛り。そんな中で死にたいと詠《うた》った西行は、願いどおり旧暦の二月一六日に亡くなったと言われている。古文を読解する中で西行に出会ったら、この歌を思い出してほしい。